マイナ保険証6つの嘘

なぜこんなに続々と
問題が起こるのか？

哲学系ゆーちゅーばー
じゅんちゃん こと
北畑 淳也

せせらぎ出版

はじめに

本書は『哲学系ゆーちゅーばーじゅんちゃん』というＹｏｕＴｕｂｅチャンネルで過去に配信した動画の内容を踏まえながら、健康保険証の廃止とマイナ保険証の問題に関して書き下ろしたものです。

このチャンネルでは普段から主に政治や社会の今日的な問題を取り上げ、私なりに解説するというスタイルで運営しているのですが、そのなかでもこの問題は重点的に取り上げてきました。

それはなぜか？

今の時代を広く考察するうえで有益な「哲学」の対象であるとともに、政治の側の「哲学」の不足のために、とてつもない悲劇をもたらしつつあることがよくわかる例だからです。

ここで、私のいうところの「哲学」とは何かについて少し触れておきます。

「哲学系」というチャンネルの名称から、古今東西の哲学を学術的に取り上げるチャンネルというイメージをもたれることがしばしばあります。しかしながら、私にとっての哲学の本質はそこにはありません。

私にとっての哲学とは日常の身近な事象のなかに存在するイデオロギー（固定観念）を見出し、それを言語化し疑問を呈することで問題解決をめざすものです。

今、その文脈において緊急性をもって論じなければならないイデオロギーは何か。

それは「デジタル化」です。


今やデジタル化は鬼気迫る課題として、政治や行政にとどまらず民間企業でもその必要性が認識されています。思想の左や右を問いません。行政でもそうですし、民間企業でもそうですが、「デジタル化」と言えば予算がとりやすいという時代でもありましょう。

仮にデジタル化に後ろ向きの態度を取ろうものなら、どうなるでしょうか。

化石人類との烙印を押されることになるのではないでしょうか。たとえば、私がこのような話をするだけでも「じゃあ紙で何でもやれってことなのかあ!?」という批判がくることは珍しいものではありません。

しかし、これぞイデオロギーによる妄信的信仰の典型的な現象です。

さらにいうと、「デジタル化」というイデオロギーは、それに対して肯定的な人間だけを巻き込むものではありません。このイデオロギーは、「デジタル化」に後ろ向きな人もしばしば飲み込みます。たとえば、「デジタル化はいいものだろうけど、私はついていけないので」といった個人の嗜好性に矮小化することで、批判的に検証することから逃避する人はその代表格です。

他には、「急いで進めすぎている」というものも似ています。現状起きている問題がスピードの遅い速いとは無関係であるのに、結局マイルドに追認してしまっていることになります。

「デジタル化」という言葉が水戸黄門の印籠のように使われる時代だからこそ、それを冷静に振り返ってみることが大切です。「デジタル化」をうたいながら、全然便利でないどころか以前より劣化したシステム、誰も使わないシステム、むしろペーパーワークや人手が増えるシステムが多額の金をかけて生み出されることは少なくありません。

その典型的な例が、本書の主題でもある健康保険証の廃止とマイナ保険証の推進なのです。「デジタル化が急務だ」と叫び、世論の支持も低いままに強権的に進められていることのプロジェクトは、無駄な仕事を増やし、利用者の利便性を下げ、多額の税金を無尽蔵に注ぎ込むという歴史に残る愚策となりつつあります。恐ろしいのが当のデジタル大臣が特に「デジタル化したのだから、状況がよくなるはずだ」「反発は強いが、それは感情的な反発に過ぎない」などと考え、現実との乖離がどんどん開いていく事態に見舞われていることです。

　そして、散々引っ掻き回した挙句に戦後の日本が築き上げた国民皆保険制度という「資産」を一瞬のうちに無に帰そうとしています。積み上げるのは大変でも、壊すのは簡単なんだなと私も日々痛感するところです。

　健康保険証の廃止とマイナ保険証への交換は、単に紙の保険証がマイナンバーカードというプラスチックのカードに統合されるという話ではありません。詳細は本文に譲りますが、国民皆保険制度という日本に暮らす（正確には日本に住所のある）私たち誰もが、いつでもどこでも安価な医療を受けられる制度を衰退させるものとなっています。

　数ある社会制度のなかでも皆保険制度を衰退させていくという問題は歴史的にも大きなものといえるでしょう。なにせこの制度は戦後日本が作った民主主義を体現する象徴的な装置でもあります。それゆえにこれをスポイルすることの意味は、民主主義的価値観を社会から一つ失わせることにもつながっていきます。

『アメリカのデモクラシー』と題する書物を世に送り出したトクヴィルという人がいるのですが、彼は民主主義の構成要件のいの一番に「境遇の平等」を挙げました。

　合衆国に滞在中、注意を惹かれた新奇な事物の中でも、境遇の平等ほど私の目を驚かせたものはなかった。この基本的事実が社会の動きに与える深甚な影響はたやすくわかった。それは公共精神に一定の方向を与え、法律にある傾向を付与する。為政者に新たな準則を課し、被治者に特有の習性をもたらす。

出典／トクヴィル『アメリカのデモクラシー第一巻（上）』（岩波文庫）

つまり、トクヴィルは、同胞の感覚を持てる要素（＝境遇の平等）がないところに民主主義は成り立たないと考えたわけです。「自由の国アメリカ」といわれるほどのアメリカの民主主義社会を見て出した答えとしてはけっこう意外に聞こえる話だと思いますが、それだけに「境遇の平等」は見落とされがちなのかもしれません。

「考え方やその人の略歴に関係なく誰もが平等に医療を受けられる」という国民皆保険制度はまさに「境遇の平等」を実装する大きな因子です。それが今危機に瀕しているということは、決して大袈裟な話ではないということを本書ではお伝えしていくつもりです。

誤解のないようにあらかじめ断っておくと、本書の主題はデジタル技術を否定して原始時代に帰れというものではありません。もっとリアリティのあるものです。現代社会を席巻している「デジタル化」が単なる技術としてみなされず、信仰の域に達した帰結がどれほどばかばかしい展開を迎えているかという話であり、他の話題にも応用可能なものです。

私の「デジタル化」をめぐる議論は次の3点に要約できます。

その1／マルクス主義者が「封建主義社会が資本主義社会となり、やがて共産主義社会に至る」と、川の流れのように時代をとらえたことが誤りであったように、デジタル技術を採り入れさえすれば効率が上がる、あるいは、複数のシステムを統合さえすれば効率が上がるといった考え（妄想）を問題視します。

実際にはそうなっていないことがあらわになっても「デジタル化」というイデオロギーにしがみつくことで、いずれはよくなるはずだと考え続けられています。結果的に、莫大な予算を投入しながら使い物にならないシステムを次々と生み出すことをマイナンバープロジェクトでは余儀なくされています。

「デジタル化」とカッコ書きにしているのは、政府の進めていることはデジタル化でもなんでもないからです。デジタル技術はあくまで手段であって、何のために採り入れるのか、何をどのようにして効率化するのか、という思考のプロセスが欠かせません。
たとえば、マイナ保険証のベースとなるマイナンバーカードは、本人であることを認証するための単なるプラスチックの板です。何かすごいことができる特殊なモノだと考えたり、日本に暮らす全員に配ることが「デジタル化」だと考えたりするのは、社会を効率化し、人々の生活を豊かにするところの真のデジタル化とはまったく異なります。

その2／使い物にならないシステムに莫大な税金を投入することは、途方もない金の無駄遣いにとどまらず、今ある有用な仕組みや制度の破壊に加担することにもなるという話をしていきます。会社などでも前のやり方のほうが効率的だったし、よかったということは少なくないでしょう。それは潜在的に過去の資産を破壊しているわけです。
保険証を廃止することを通して、資格確認の方法が幾重にも増えていくマイナ保険証体制が今できあがりつつあります。この恐ろしさはまだまだ知られていませんので、ぜひ本書を通して知っていただければと考えています。

その3／既存の便利な仕組みや制度を破壊していることを取り繕うため、意味のない無駄な業務を膨大に発生させていることも大きな問題として取り上げます。システムの穴を埋めるためだけのよけいな業務、本来の業務に支障をきたすトラブル対応、失敗を正当化するための辻褄合わせの業務、挙句は使い物にならないシステムをゴリ押しするためのポスターやチラシの大量作成などなど。こうした何ら付加価値を産まない作業に人、物、金が投下されていくことは重大な損失です。

かつて1980年代後半の崩壊直前のソビエト社会主義共和国連邦では、官僚制が肥大化し、まったく生産性のない無駄な手続きや業務がはびこっていました。日本で進行している今の事態はそれと同じです。反共産主義的な立場を取れば、このような事態に巻き込まれないで済むという認識が誤りであるということも重要なポイントです。

今の日本は政治や社会の劣化が進む危機的な状況にあります。その劣化が具体的にどういうものかを確認する上で、マイナ保険証をめぐる話題は象徴的な問題であり、その他の問題を見る上でも示唆に富んだ重大な観点がいくつも見つかることでしょう。

この危機感を多くの人と共有するために、私は本書を執筆いたしました。

これを読んだ方がマイナ保険証の利用をやめたり、強要してくる薬局の利用をボイコットしたり、この流れに反対する政党に選挙で投票したり、身近にできることから行動を起こしていただくことを切に願います。

２０２４年５月

哲学系ゆーちゅーばーじゅんちゃんこと、北畑淳也

注意事項

デジタル庁や厚生労働省などは、マイナンバーカードおよびマイナ保険証が新たなトラブルを起こすたびに、その場しのぎに次々と弥縫策《びほうさく》を繰り出します。そのため、本書をお読みいただいている時点で、執筆当時の状況が変わっているところもあると思います。そもそも健康保険証の廃止ということ自体が、政府の審議会で議論されないまま急転して河野太郎デジタル担当大臣の会見で発表され、後付けで閣議決定をしたという異例の経過をたどっています。できるだけ、その時々にしか通用しない議論にならないように配慮していますが、限界がある点はあらかじめご了承ください。

もくじ

はじめに……3

第1章　トラブルはなくなるのか？
──なくならない。むしろ、増える恐れ……17
3年経ってもマイナ保険証の利用率はたったの5・47％……18
いまだに続く、マイナ保険証をめぐるトラブルの数々……24
半年経ってもいっこうに変わらない事態……37
トラブルがなくなるどころか、増え続ける理由……42
マイナ保険証のシステムは、どうあがいても完成しない……49

第2章　マイナ保険証で便利になるのか？
──ならない。むしろ、不便な世の中になる……53

複雑極まりないマイナ保険証の仕組み …… 54
今まで不要だった交付申請手続きが必要に …… 56
究極のナンセンス！ マイナポータルのPDFの写し …… 65
増殖が止まらない！ 資格確認のパターン …… 69
やはり大丈夫じゃなかった「大丈夫です」という断言 …… 73
不便さを物語る、国家公務員の利用率わずか5・73％ …… 77
全国の自治体でもほとんど活用されていないことが判明 …… 80
利用者の状況を知らず、押し付けても失敗するだけ …… 85
最低評価の1つ星がずらっと並ぶ驚異のアプリを発見！ …… 89

第3章 医療の質は向上するのか？
――向上するというのは悪質なウソ …… 95

医療情報のリアルタイム活用なんて遠い未来の話 …… 96
お手軽アプリに完敗したマイナ保険証 …… 102
救急医療の足を引っ張るマイナ保険証 …… 105
確定申告が便利になるというミスリード …… 109

第4章　社会的コストは減るのか？
――減らない。莫大なコストが、さらに増える ……… 115
システム開発と普及促進に湯水のように税金を投入 ……… 116
莫大な税金を使いながら、無意味な業務が増加 ……… 120
事業が破綻する保険組合が続出する恐れ ……… 122
マイナ保険証に続きコスト増を生むガバメントクラウド ……… 125

第5章　不正利用は減るのか？
――取るに足らなかった不正が深刻になる ……… 129
マイナ保険証の普及を虎視眈々とねらう犯罪集団 ……… 130
ほとんど問題にならない健康保険証の不正利用 ……… 139
あまりに脆弱なマイナンバーカードのセキュリティ ……… 145
代替案は、マイナンバーカードを白紙に戻すこと ……… 149

第6章　日本のデジタル化は進んでいるのか？
――進んでいるのは「デジタル化」に名を借りた社会の破壊 ……… 153

間違った「デジタル化」は、無意味な業務を生み出すだけ …… 154
大混乱が予想される、マイナ保険証の2025年問題 …… 162
マイナ保険証の比ではない、運転免許証一体化の破壊力 …… 166
もはやさまざまな利便性を飲み込むブラックホール …… 171
現場の業務に根差さない「デジタル化」は失敗する …… 175
DX成功の条件は、デジタル化以前に考え抜かれた業務改革 …… 178
おまけ／足を引っ張っているのは高齢者じゃない …… 183

第7章　どうすれば、この暴挙を止められるのか？
——まずは、選挙で自公の過半数割れが欠かせない …… 185

もともとの政府方針は健康保険証とマイナ保険証の併用 …… 186
河野太郎が独断で決めた健康保険証の廃止 …… 188
ゴリ押しするためのあからさまなインセンティブ …… 193
消極的な医療機関にはペナルティが科せられる恐れ …… 198
健康保険証廃止を撤回させるために私たちにできること …… 201

第1章

トラブルはなくなるのか？

なくならない。
むしろ、
増える恐れ

3年経ってもマイナ保険証の利用率はたったの5・47％

2023年12月22日は歴史的な日となりました。

この日は私たちが日頃から当たり前に使っている健康保険証を2024年12月2日をもって廃止することが閣議決定された日です（ただし、経過措置として廃止後1年間は使えます※）。これまで健康保険証1枚あれば、誰もがいつでもどこでも安価に医療を受けることができましたが、それに変更を加える歴史的決断が下されたといってもよいでしょう。

代わりに登場したのがマイナ保険証です。すでにごく一部の人は使いはじめていますが、健康保険証が廃止されたあとは、私たち全員が原則としてマイナ保険証を使うことになりました。ところが、2023年は1年をとおして、マイナ保険証のトラブルに関するニュースが続いていたことはご記憶の方も多いでしょう。被保険者資格が確認できずに医療費を10割払わされた、顔認証がうまくいかなかった、他人の医療情報が紐づけられていた、訪問医療や感染症対応の場で被保険者資格の確認ができない、などなど。これまでの

※2024年12月2日以降、転職などで健康保険証の更新が必要になれば、その時点で再交付されません。

「当たり前」がマイナ保険証の世界では崩れていることがたびたび報じられたのです。

民間企業であればサービスの中止や終了への階段を駆け上がるような事態でしょう。しかし、政府は一切の見直しを拒否しました。その理由は「デジタル化」は必要だからの一点張りです。一般の事業者であれば、リコールや利用中止を呼びかけるような状況でしたが、どんどん使ってくださいという呼びかけがこだまし続けました。これによって世論の反発を大いに受けることになりました。

百歩譲ってそれを上回る便益があれば一定の人を納得させられたのかもしれません。しかし、それもまったく感じられないものですから、そっぽを向かれるという展開になってしまったのです。

どれほど受け入れられていないかについて、少しだけ定量的な情報を見ておきましょう（次ページ 図1）。利用率の圧倒的な低さは厚生労働省もポジティブな発信ができないほどです。一度下がって停滞していたものが政府の強力な推進により、2024年1月から上昇トレンドに入っていますが、よく見ればわかるように、右縦軸の目盛の最大値を8％にするなどして大きな変化にみせているだけなのが実態です。100％にすることが前提の制度ですから、4％が5％〜6％になっても何ら喜べるものにはなりません。推進して

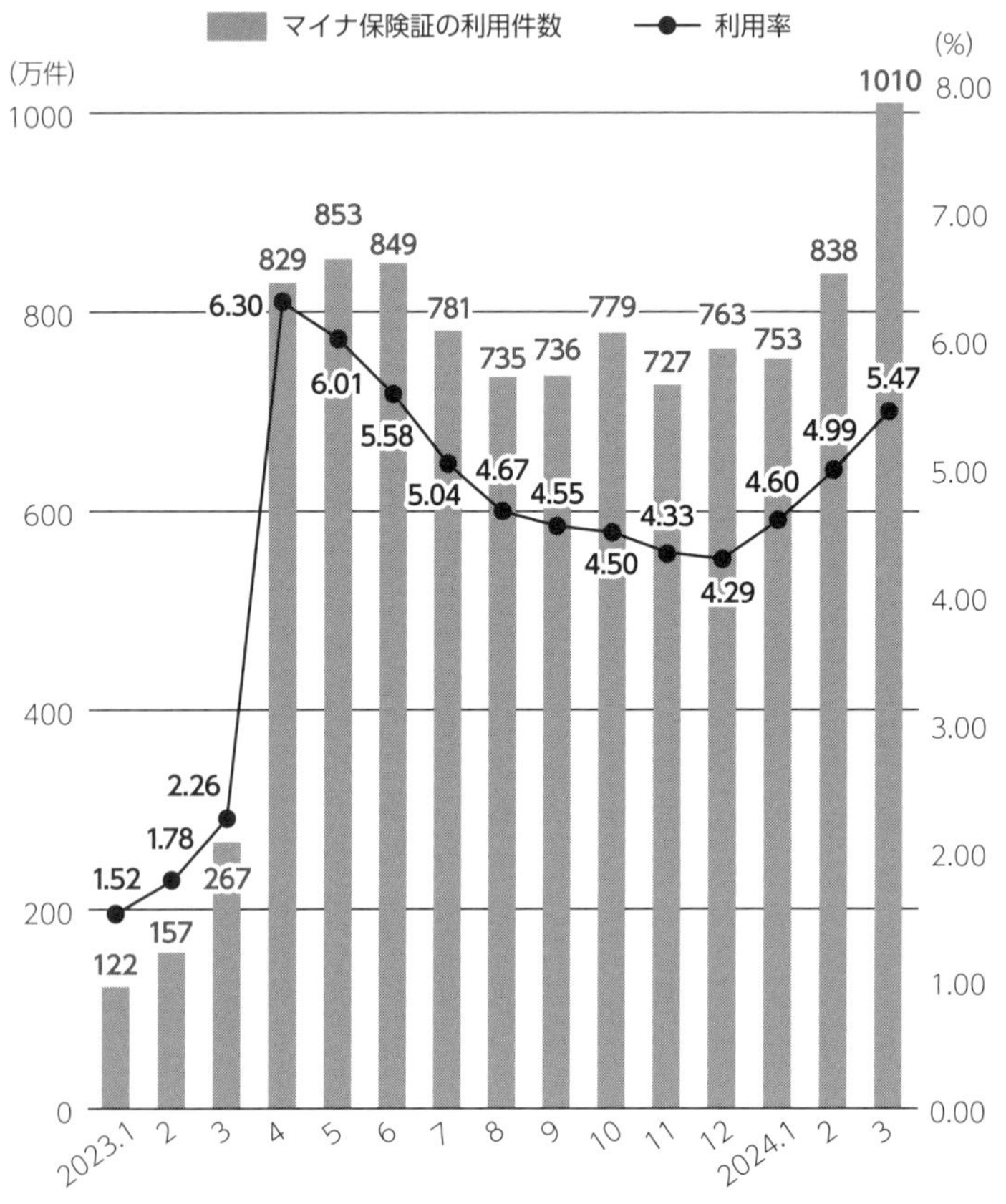

図1　マイナ保険証の利用率の推移

出典：厚生労働省「マイナ保険証の利用促進などについて」
（2024年4月10日）

いる行政の側も4％台がこのテキストを書いている段階で5％台になったことをもって「上がった！　上がった！」という態度はとれていませんでした。

では、なぜこれほどまでに使われないのでしょうか。政府は周知広報が不足しているであったり、医療機関の推進が足りないであったりという認識を示しています。そしてそのために湯水のように広報予算や医療機関に補助金を投下しています。

しかし、答えはシンプルです。

それはひとえに、特段の便益も感じられず、従来の健康保険証の利用で何の問題もないため、乗り換える必要がないからです。マイナンバーカードが健康保険証として使えるようになったのは、2021年3月です。それから3年以上経つのにこの有様です。現状より便利であれば100％といわないまでも、もう少しよい数字が出るでしょう。

参考までに数字の読み方を補足しておきます。図1で2023年4月に利用率が跳ね上がっているのは、この月に一部の例外を除き医療機関に対して、マイナ保険証によるオンライン資格確認の導入と、マイナ保険証を読むためのカードリーダーの導入が義務づけられたためです。それから一度使った人の離脱もあり低落傾向になったのですが、2024年に入ってから矢継ぎ早に政府が保険点数の操作や補助金の交付により医療機関や薬局が利用者に半ば騙しともいえる勧奨をしたことや広報への莫大な予算を投下したことによりやや上昇しています。

マイナ保険証の受け入れられていない状況を、より深く知るために別の側面からも見ておきましょう。

たとえば、「登録が面倒だからマイナ保険証の利用者が増えない」という側面はあるのではないかといった疑問を持つ人もいるかもしれません。しかしこれについては、マイナ保険証の登録自体はマイナンバーカードを持っていれば比較的簡単にできます。スマートフォンにマイナポータルアプリをインストールし、それでマイナポータルにログインして、登録手続きを進めるだけです。10分もかかりません。この方法以外にも、医療機関や薬局にある顔認証付きカードリーダーなどで手続きすることもできます。それなりに便益が期待できるのであれば、そちらに移行しようとなってもおかしくはありません。

実は2024年1月時点でマイナンバーカードを持っている人の全人口に対する割合は73・1%あるのですけども、そのうちの77・9%の人がマイナ保険証を登録しています。これはマイナポイントの大量配布によって積み上げた数字です。その是非はともかくとしても、全人口の約57％（73・1％×77・9％）の人がマイナ保険証を使える状況にはあるため、登録の手間の問題は大部分がクリアされています。

厚生労働省やデジタル庁の見通しでは、利用率が50％に達していてもおかしくないと思っていたかもしれません。「デジタル化」で利便性が上がると言い張ってきたのに、それがたったの一割にも満たない利用率（執筆時点）です。一番驚いているのは当の行政組織かもしれません。マイナ保険証に批判的な特定の党派の人が、その政治的意思として登録していないわけではないがゆえに、むしろ問題は深刻なのです。

もう一つ見ておきたい数字があります。国家公務員の利用率です。ここ最近定期的に発表がなされているのですが、一般の利用率とほとんど同じです。5・47％は全国民の利用率ですが、霞が関に働く国家公務員に限った利用率もなんと、たったの5・73％です（2024年3月時点）。マイナ保険証の仕組みを作った側、普及を進めている側の利用率がこれほど低いとは私も驚きました。国家公務員の側が従来の健康保険証を選択しているというのは一つの答えが出ていると言ってもよいでしょう。

わざわざトラブルに見舞われるリスクがあり、受付時間も通常の健康保険証より伸びるマイナ保険証に乗り換える必要性を感じなくて当然なのです。利用率が100％になった場合にはトラブルの数も今とは桁違いになることでしょう。それでも霞が関に働く人たちは、表向きは普及促進のポーズを取らなければなりません。これについては第2章で後述します（p.77）。

いまだに続く、マイナ保険証をめぐるトラブルの数々

「この手のシステムというのは最初にトラブルがつきものだ。産みの苦しみを否定したら何も新しいことはできない」

こういう批判を私がマイナンバーカードおよび健康保険証の廃止を論じた際に長らくいただいてきました。しかし、もし現在そう思っている人がいるのであれば、それはまったくの間違いであるということは述べなければなりません。

河野太郎デジタル担当大臣はなぜかトラブルは解決したことにしていますが、トラブルはなくならないどころか、今後むしろ増える可能性のほうが高いのです。

その理由を説明する前に、2023年10月から翌2024年1月にかけて、マイナ保険証をめぐるトラブルがどんな状況にあったのかを紹介しましょう。確かに、マイナ保険証のトラブルに関するニュースは、一時期と比べて減っているようです。では、実態はどうなのでしょうか。

以下は2024年1月末に発表された、全国保険医団体連合会（以下、保団連）の調査結果からの抜粋です。保団連が全国各地の医療機関に対し、トラブルの状況について聞いたアンケート調査で、2023年11月24日～2024年1月10日に実施されました。回答件数は8672件です（医科診療所6216件、歯科診療所1744件、病院582件、無回答130件）。

■トラブルのあった医療機関は59・8％

2023年10月1日以降に、マイナ保険証やオンライン資格確認に関するトラブルが

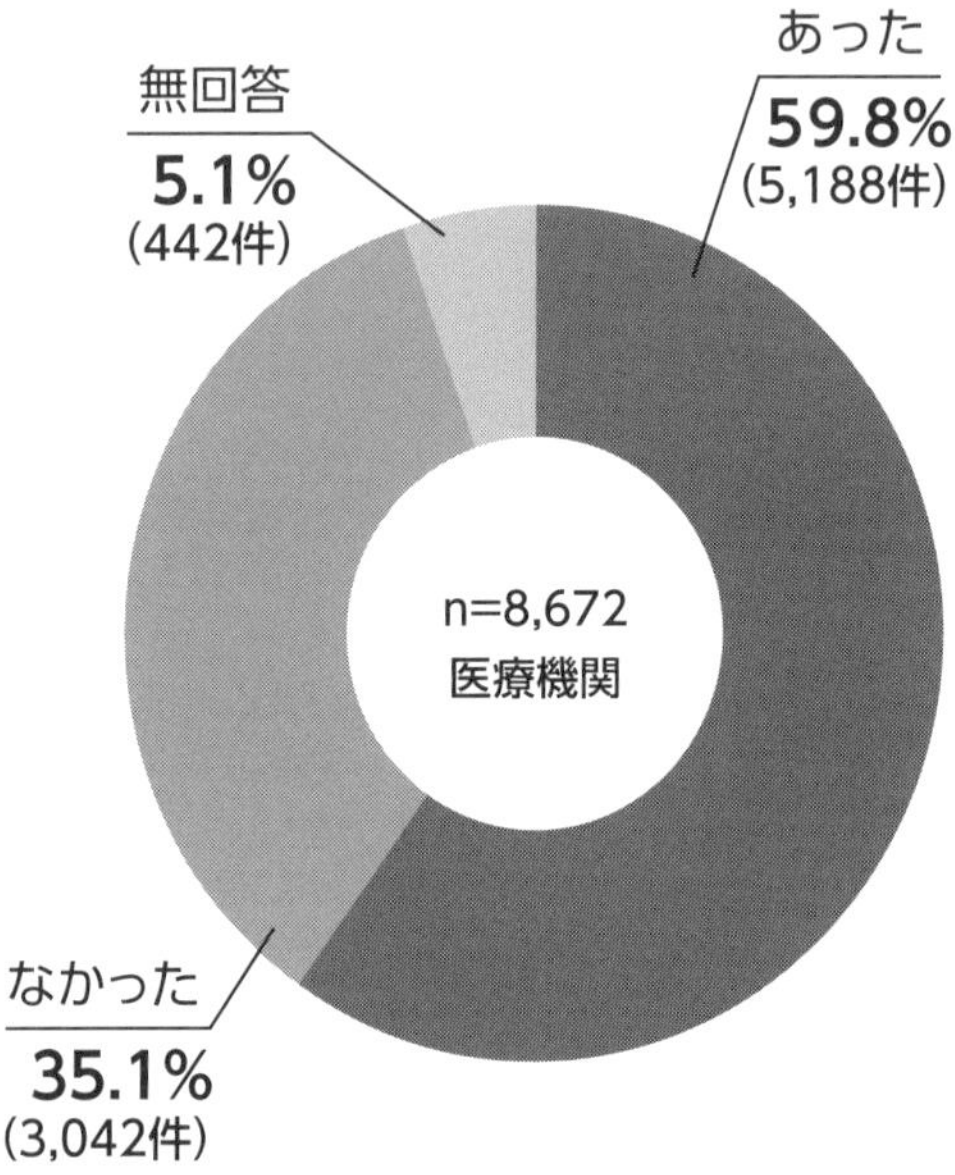

図2　マイナトラブルの発生した割合

出典：全国保険医団体連合会
「2023年10月1日以降のマイナ保険証トラブル調査」
(2024年1月31日)

あったと答えた医療機関は全体の59・8％を占めます（図2）。いまだに約6割の医療機関がトラブルに遭遇しているわけです。「いまだに」と書いたのは、政府の説明ではトラブルは解決に向かっているはずだからです。

2023年4月に、マイナ保険証によるオンライン資格確認が全国の医療機関に義務づけられたのをきっかけに、連日、マイナ保険証をめぐるトラブルが報道され、国会でも取り上げられました。相次ぐトラブルに対応するため、デジタル庁は2023年6月にマイナンバー情報総点検本部を立ち上げ、同年11月末までにすべての点検作業を終了するとしていました。

同年12月12日に開催された第5回マイナンバー情報総点検本部において、点検対象件数8208万件のうち99・9％のデータについて本人確認を終了したとの報告があり、岸田文雄首相が「総点検の完了のめどが立ったことが確認できました」と発言しています。それを受けて、河野デジタル大臣は同年12月22日の記者会見で、従来の健康保険証を2024年12月2日に廃止することを閣議決定したと発表したのです。

このときの河野大臣の発言は次のとおりです。

「マイナンバー情報総点検本部において、国民の皆様の不安を払しょくするための措置を報告し、総理から『予定どおり、現行の健康保険証の発行を来年秋に終了し、マイナ保険証を基本とする仕組みに移行する』とご発言がありました。こうした状況を踏まえまして、本日、マイナンバー法の一部改正法の施行期日を定める政令を閣議決定したところでございます」

ここにいう「マイナンバー法の一部改正法の施行期日」とは、従来の健康保険証を2024年12月2日に廃止することを指しているのですが、冒頭に「国民の皆様の不安を払しょくするための措置を報告」と述べています。つまり、措置を報告しただけで、措置したわけでもなく、ましてやトラブルが解決したわけではありません。河野太郎という政治家の本質が現れています。

保団連では、半年前の2023年6月にも同様の調査結果を発表しています。そのときの調査で、何らかのトラブルがあると答えた医療機関が全体の65・1%でしたので、半年が経過してわずかに減ったとはいえ、結局トラブルは解決しないままなのです。総点検したと言いながら、事態は何も変わっていません。

2024年に入ってからも千葉県保険医協会、三重県保険医協会、神奈川県保険医協会、大阪府保険医協会が同様の調査を行っていますが、トラブルのあった医療機関は53～65％となっており、状況は変わりません（p.37で後述）。

■さまざまなトラブルはどれを取っても致命的

保団連の調査では、次ページの図3のとおり、トラブルの種類も示されています。

一番多いのが「名前や住所で●が表記される」で67％。それに続いて「資格情報の無効がある」が49％、「カードリーダーでエラーが出る」が40％、「当該の被保険者番号がない」が25％、「名前や住所の間違い」が21％、「負担割合の齟齬」が15％。

政府は2023年12月時点で、医療保険に関する紐づけミスの点検を終了したと報告していますが、実際には「他人の情報が紐づけられていた」が2％あります。いずれも情報システムとしては致命的な欠陥です。民間企業なら、この状態でサービスを開始するなんてありえません。

一番のトラブルである「名前や住所で●が表記される」の原因はわかっています。

「たかはし」さんという名字の方の多くは「高橋」という漢字で表記されますが、中には「高

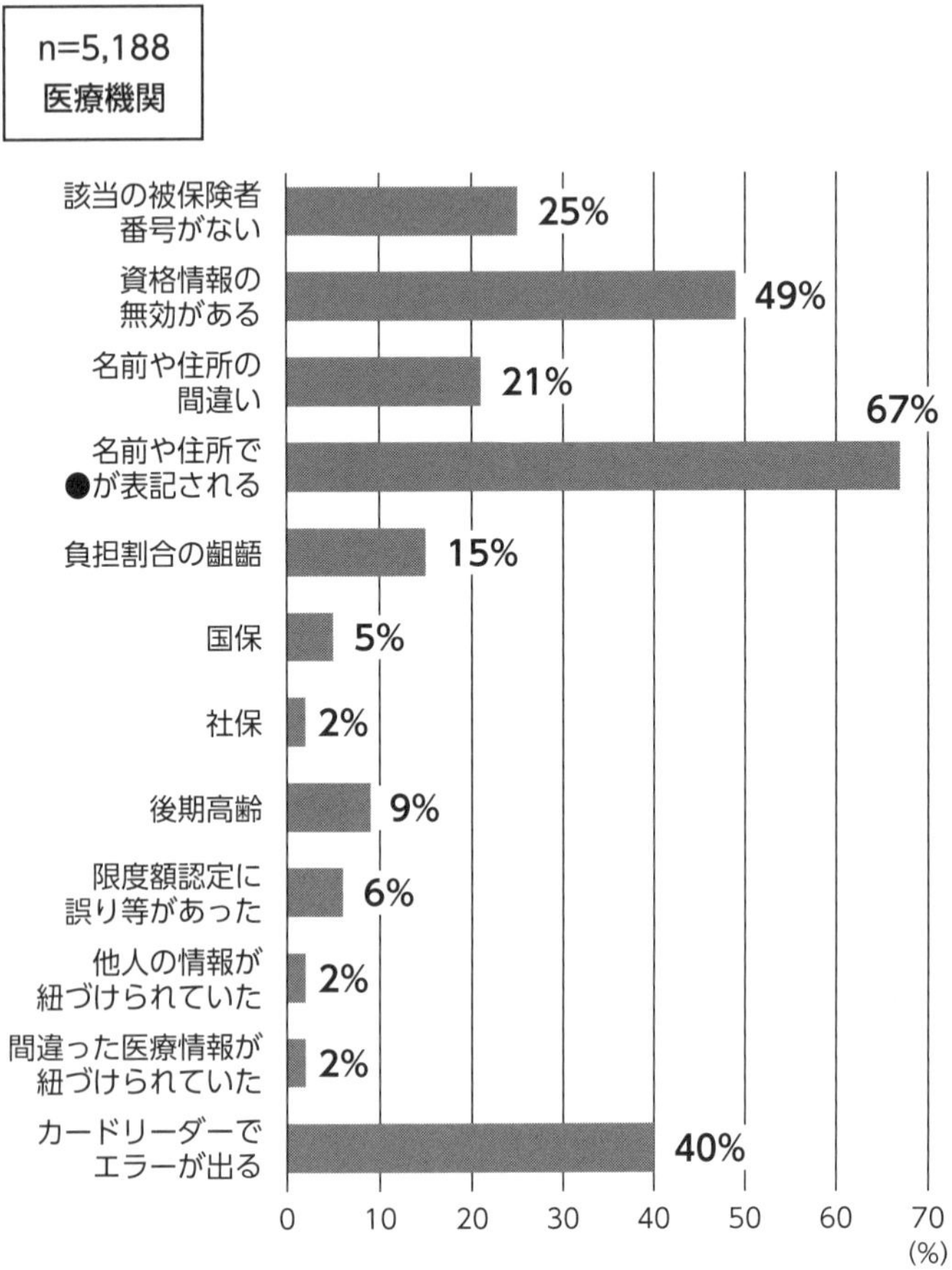

図3　マイナトラブルの類型（複数回答）

出典：全国保険医団体連合会
「2023年10月1日以降のマイナ保険証トラブル調査」
（2024年1月31日）

橋」という漢字の方もいます。同じように「さいとう」さんには「斉藤」さんだけでなく「斎藤」さんがいますし、「わたなべ」さんには「渡辺」さん以外に「渡邉」さんや「渡邊」さんもいます。この場合の「髙」「斎」「邉」「邊」を異体字というのですが、住民登録のデータベースと医療保険のデータベースとでは、異体字を識別する文字コードが異なります。そのため、住民登録データを医療保険のデータベースにもってきて連携すると、異体字を識別できなくなり、「●」表示になってしまうのです。

「山崎」さんと「山﨑」さん、「島田」さんと「嶌田」さんなど氏名に異体字を持つ方は珍しくありませんので、けっこうな割合で「●」が出てくるようです。しかも、「山●」なら「山﨑」だと推測できるのでまだしも、「●田」となるとさっぱりわからない。名前を呼ぼうにも呼べないというマンガみたいな話も聞きます。

システムが異なれば、異体字が「●」表示になる場合があることは、システム開発に携わる人にとっては説明するまでもない常識なのですが、その基本的なレベルの話を考慮せずにデータを連携したことが失敗の原因です。

保団連の記者会見によると、厚生労働省は「●」表示でもデータはあっているので気にしないようにといい、トラブルだとは思っていないようです。しかし、名前がわからずに保険診療を受け付けられないといったケースも発生しているので、そんな無責任なことはありません。

やや大袈裟な話ですが、「●」の混じった氏名をもとに治療や薬の処方をして、万が一患者を取り違えていたら命にかかわります。

百万歩譲って、厚生労働省の言うように「●」表示を気にせず被保険者資格を確認したとしても、その後、そのデータを電子カルテに移したり、そのデータを使ってレセプト処理（医療機関が保険組合などに請求する医療報酬の明細書を作成する業務）をしたり、あるいは領収書を発行する際も、いちいち「●」部分を正しく打ち直さなければなりません。

これまでの健康保険証であれば必要のない作業がむしろ発生しているので、単に手作業による再入力が残るにとどまらず、無駄な仕事を生み出すDX（デジタルトランスフォーメーション）が完成します。おそらく真面目にシステム連携ができるかどうかをアセスメントしたら、あきらめたほうがいいという結論になると思われます。しかし、すでにマイナ保険証を導入して健康保険証を廃止すると言い張ったものだから、後には引けないという話なのでしょう。迷惑です。

■トラブル回避の有効な手段は従来の健康保険証

話を先に進めましょう。「図3 マイナトラブルの類型」で、続いて多いトラブルは「資格情報の無効がある」「カードリーダーでエラーが出る」「当該の被保険者番号がない」です。要するに、被保険者資格が確認できないというトラブルです。先ほどの「●」表記のトラブルも一部含まれているかもしれません。

医療機関がそのトラブルにどのように対処したかが重要です。それを示したものが、次ページの「図4 トラブルにどのように対処したか」です。ご覧のとおり、トラブルのあった全医療機関のうちの83％が「その日に持ち合わせていた健康保険証で資格確認をした」と答えています。つまり、従来の健康保険証がセーフティネットになっているわけです。「じゃあ健康保険証だけでええやん」というツッコミを、ぜひみなさんの心の中でしておいてください。

では、仮にこのまま健康保険証が廃止されればどうなるか。

利用者はこれまでにないトラブルに見舞われるというリスクに直面します。保険組合に電話で問い合わせたり、カードリーダーが故障すればメーカーに連絡したりしなければなりません。医療機関の窓口もクレーム対応が増えるでしょう。

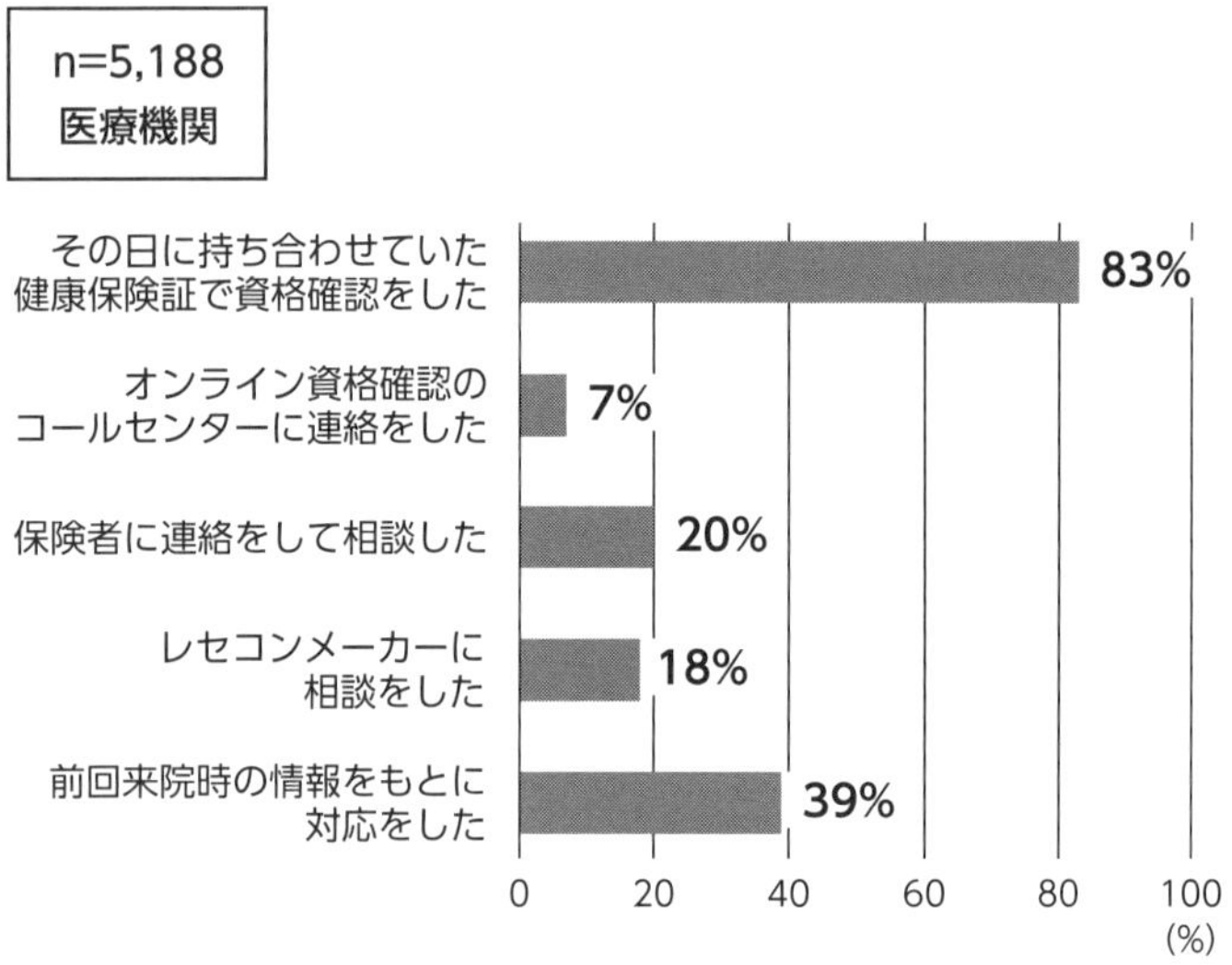

図4　トラブルにどのように対処したか（複数回答）

出典：全国保険医団体連合会
「2023年10月1日以降のマイナ保険証トラブル調査」
（2024年1月31日）

参考までにですが、もう一つの大きな対処法は「前回来院時の情報をもとに対応した」になっています。これはかかりつけ医などで可能なやり方ですけども、初診で訪問した医療機関では使えません。

そういったこともあって、被保険者資格が確認できなかったために、いったん医療費の10割を患者に請求した事例が、４０３の医療機関で少なくとも７５３事例あったという調査結果が出ています（次ページ 図５）。割合にすれば、４・６％と低いようにも見えますが、そもそも健康保険証のオペレーションであればゼロだったものです。大金をかけてデジタル化と息巻いた挙句に現状より劣化するというのはあってはならないことです。わずか1ヵ月半の間に調査サンプルの中からでも４０３の医療機関であったというのは、ゆゆしき問題です。

このような10割負担には後日資格が確認できた段階で、保険組合はその患者の自己負担分との差額を返戻《へんれい》しなければなりませんし、医療機関はそれを患者に返戻しなければなりません。社会全体に無駄な仕事を産み落とすものだということを付記しておきます。

また、「図3　マイナトラブルの類型」に戻っていただくと、「負担割合の齟齬」が

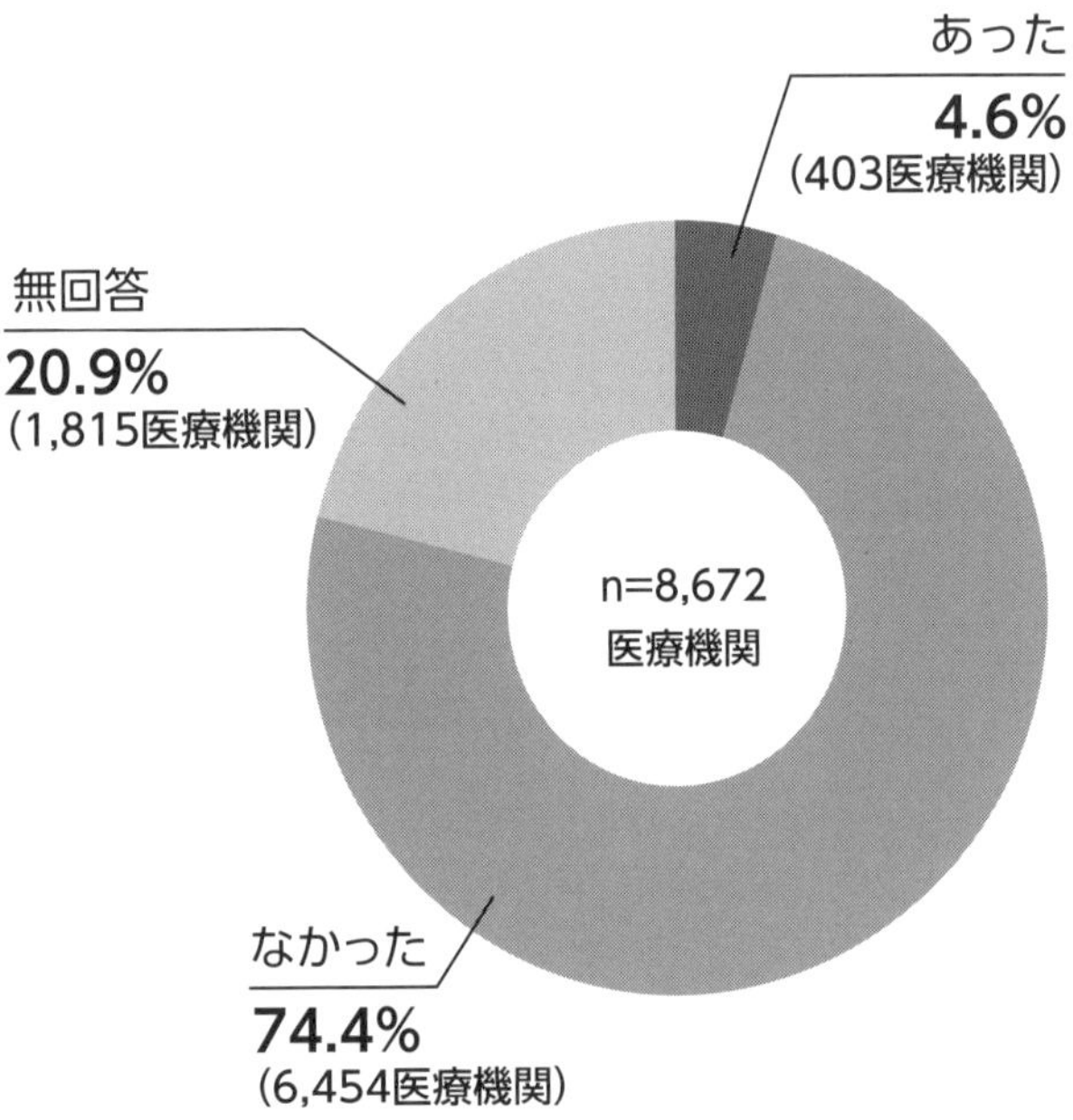

図5　いったん10割負担を患者に請求した事例

出典：全国保険医団体連合会
「2023年10月1日以降のマイナ保険証トラブル調査」
(2024年1月31日)

15％発生しています。おそらく負担割合が1割の後期高齢者が、医療費を支払う段になって、3割の負担額を請求されて「おかしいやないか」とトラブルになっているものと推測されます。こうしたトラブルは、医療機関に対して不満や怒りが向かいがちなので、医療機関はたまったものではありません。

半年経ってもいっこうに変わらない事態

ここまで全国保険医団体連合会のアンケート結果をもとに医療現場でのトラブルの数々を見てきました。ただ、このアンケートは2023年11月24日～2024年1月10日に実施されたものですので、その後の推移が気になっていたのですが、私が知っている限りでも今年になってから千葉県保険医協会、三重県保険医協会、神奈川県保険医協会が同様のアンケート調査を実施しており、トラブルのあった医療機関はそれぞれ53・6％、56％、

65・9%とまったく減っていません。そして、本書の出版直前の2024年6月6日に大阪府保険医協会が同様のアンケート調査結果を発表し、2024年になってからも65%の医療機関でトラブルがあったことがわかっています。つまり、事態はまったく同じ。いっこうに好転していません。

大阪府保険医協会のこの調査は2024年5月31日に医療機関にアンケートをFAX送信し、回答数は247件。5月から7月までの政府が実施する「マイナ保険証利用促進集中取組月間」にあたるため、それに関する質問も設定されています。発表された結果は次のとおりです。

■マイナ保険証の利用推進の協力依頼について＝「協力は考えていない」108件

「協力する」83件（うち、利用促進は義務ではないのに、「義務と思っていた」22件）
「協力は考えていない」108件
「わからない」45件
「無回答」11件

なお、一部意見が抜粋されており、「協力は考えていない」と回答した医療機関はもちろん、「協力する」と回答した医療機関からも厳しい意見が出ています。

（「協力する」と回答した医療機関の意見抜粋）

・利用推進はいいが、やり方が強引すぎる。もっと現場の声を聞くべき。
・利便性は理解できるが性急すぎる。
・ポスターを貼っているが、利用は少ない。
・高齢者が多くカードリーダーの接続方法について都度説明が要るため、スタッフ1人が必要。
・河野大臣が「通報せよ」と言うので。

（「協力は考えていない」と回答した医療機関の意見抜粋）

・不具合が多く、とても今の状態では患者様に対し推進できない。
・医師、事務、患者の多くが利便性を感じていない。
・マイナンバーカードは紛失の危険があるので常時携帯できない。

■マイナ保険証の有効期限が切れた例はありましたか＝「あった」43件

「あった」43件
「なかった」178件
「無回答」26件

（「あった」と回答した医療機関の事例抜粋）

・早くに作った高齢者。「マイナンバーカードに有効期限があるのを知らなかった」と。
・職員も患者も有効期限があることを知らず、うまく対応できなかった。
・初期に作成された方が切れていた。
・保険証を持っていたので保険証で確認した。

■今年1月以降にオンライン資格確認、マイナ保険証のトラブル＝「あった」160件

「あった」160件
「なかった」46件
「無回答」41件

トラブルの主な類型は次のとおり、前述の保団連の調査と同じような傾向が見られます。

・資格情報が無効
・●印が出る
・カードリーダーでエラーが出る
・カードリーダーが接続できない
・該当の被保険者番号がない
・名前や住所の間違い　以下、略

「●印が出る」ことについてはp.29で前述したとおりですが、「資格情報が無効」になる原因は、転職で会社が変わったときや国民健康保険から健康保険への切り替え、逆に健康保険から国民健康保険への切り替えの際に、すぐに資格者情報が更新されず、古い情報のままのマイナ保険証を使い「無効」になってしまったものと推測できます。要は、プラスチックのマイナ保険証のカードがそのままでも、中身の実態が更新されない限り、意味がないということです。

従来の紙の健康保険証なら、たとえば転職の際には切り替えのために保険組合にすぐに古い健康保険証を返して手続きするため、即日は無理にしてももっと早く資格者情報が更新され、新しい健康保険証が交付されていました。マイナ保険証になると物理的な紙の健康保険証のやり取りがなくなるだけに、かえって対応が遅くなるのだと思います。

大阪府保険医協会のこの調査は、以上のほかにも健康保険証が廃止された場合の受付業務について、「混乱すると思う」と回答する医療機関が93％にものぼり、その内容は「受付業務に忙殺」が189件、「待ち時間が長く」が134件、「スタッフを増やさざるを得ない」が39件となっています。そして、こうした結果の当然の帰結ですが、保険証の2024年12月2日に廃止されることについては「反対」が90％にも達しています。

トラブルがなくなるどころか、増え続ける理由

さて、改めてですがこうしたトラブルは、今後解消されるのでしょうか？

残念ながら、逆に増え続ける恐れがあります。その理由を私なりにまとめると、4つに整理できます。

第一に、政府は2023年6月に、マイナンバー情報総点検本部を立ち上げ、半年かけて総点検を実施し、同年12月に「点検対象件数8208万件のうち99・9％のデータについて本人確認を終了」と宣言したにもかかわらず、いっこうにトラブルは減っていないという点を挙げることができます。通常改善に向かう場合はゼロにはならないにせよ明らかにトラブルの数がゼロに収斂していく傾向が見られるはずです。しかし、それが起きていないのです。

第二に、現状の利用率が1割に満たない状況である点です。今はまだ利便性を感じないことでほとんどの国民が使っていないものの、行政側が強制的に使用を拡大させる方策を打ってくる可能性は否定できません。その場合は今でもこれだけトラブルが起こっているのですから、今後このまま利用率が100％に近づけばトラブルの数も格段に増えることが予想されます。利用率が増えても減っても地獄なのがマイナ保険証です。

このことに対する危惧は、保団連の調査にもよく表れています。

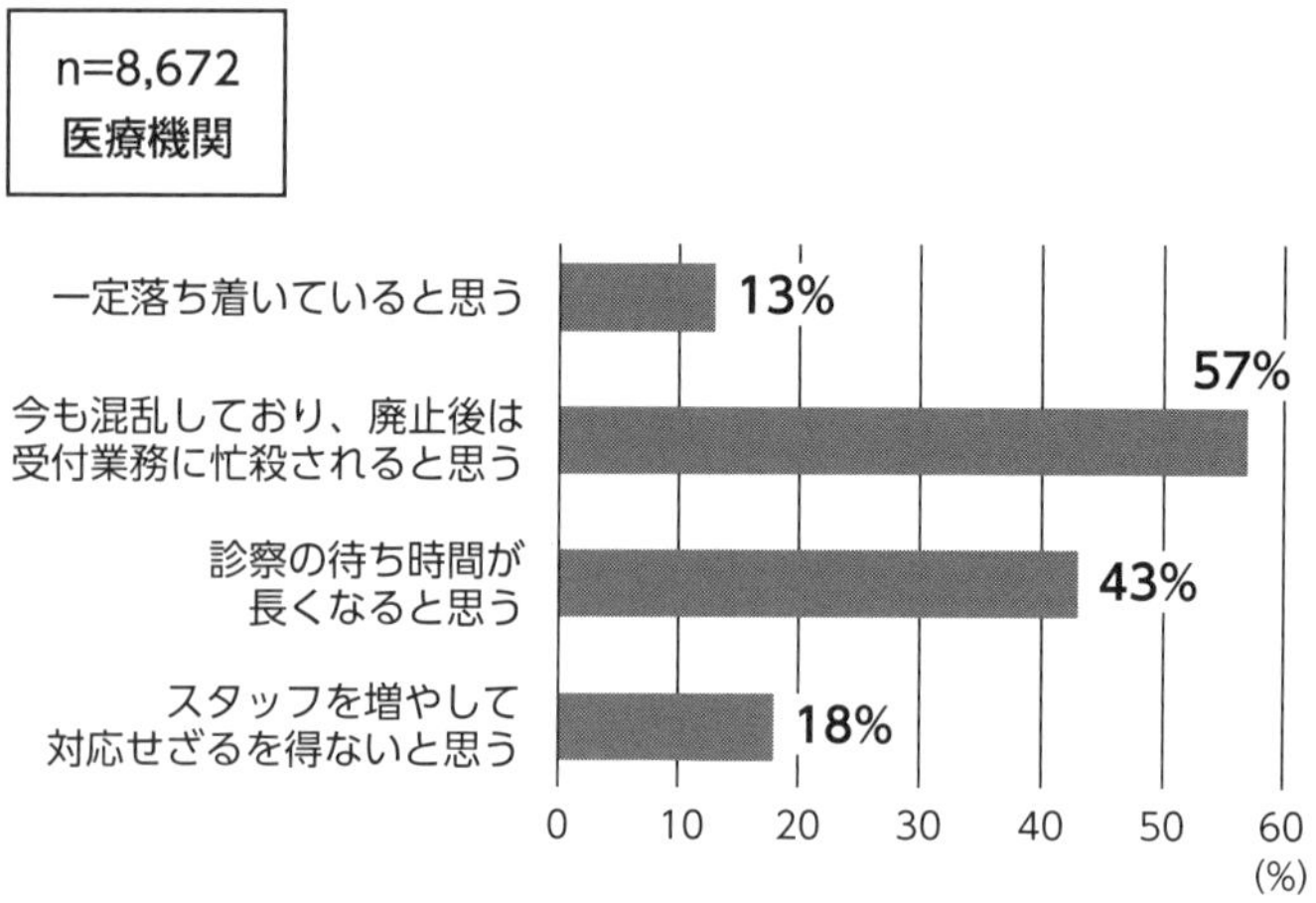

図6　保険証が廃止された場合の受付業務について

出典：全国保険医団体連合会
「2023年10月1日以降のマイナ保険証トラブル調査」
（2024年1月31日）

図6を見ると、保険証が廃止された場合の受付業務について、効率化されるという政府のうたい文句とは裏腹に、「今も混乱しており、廃止後は受付業務に忙殺されると思う」と答えている医療機関が57％もあります。また、「診察の待ち時間が長くなると思う」が43％。保団連の記者会見では、いくら待っても受診できないため、待ちきれずに帰ってしまう患者が出ることを危惧していました。そのために「スタッフを増やして対応せざるを得ないと思う」が18％となっています。「一定落ち着いていると思う」が13％ありますが、ほとんどの医療機関では忙殺されると感じています。

その結果、健康保険証の2024年秋の廃止についての賛否は、「保険証廃止を撤回して残すべき」が79・4％。約8割の医療機関が撤回すべきだと答えています（次ページ図7）。これに「延期すべき」の13・4％を含めると、9割以上の医療機関が2024年秋の廃止に反対しています。医療機関は、保険証がなくなると大混乱に陥ると予想しており、残してほしいとの切実な声が上がっているのが現実です。

トラブルが増え続ける第三の理由は、システム開発を主導しているデジタル庁が技術に疎い点です。異体字を考慮していなかったこともいい例ですが、ほかにも問題点はいくら

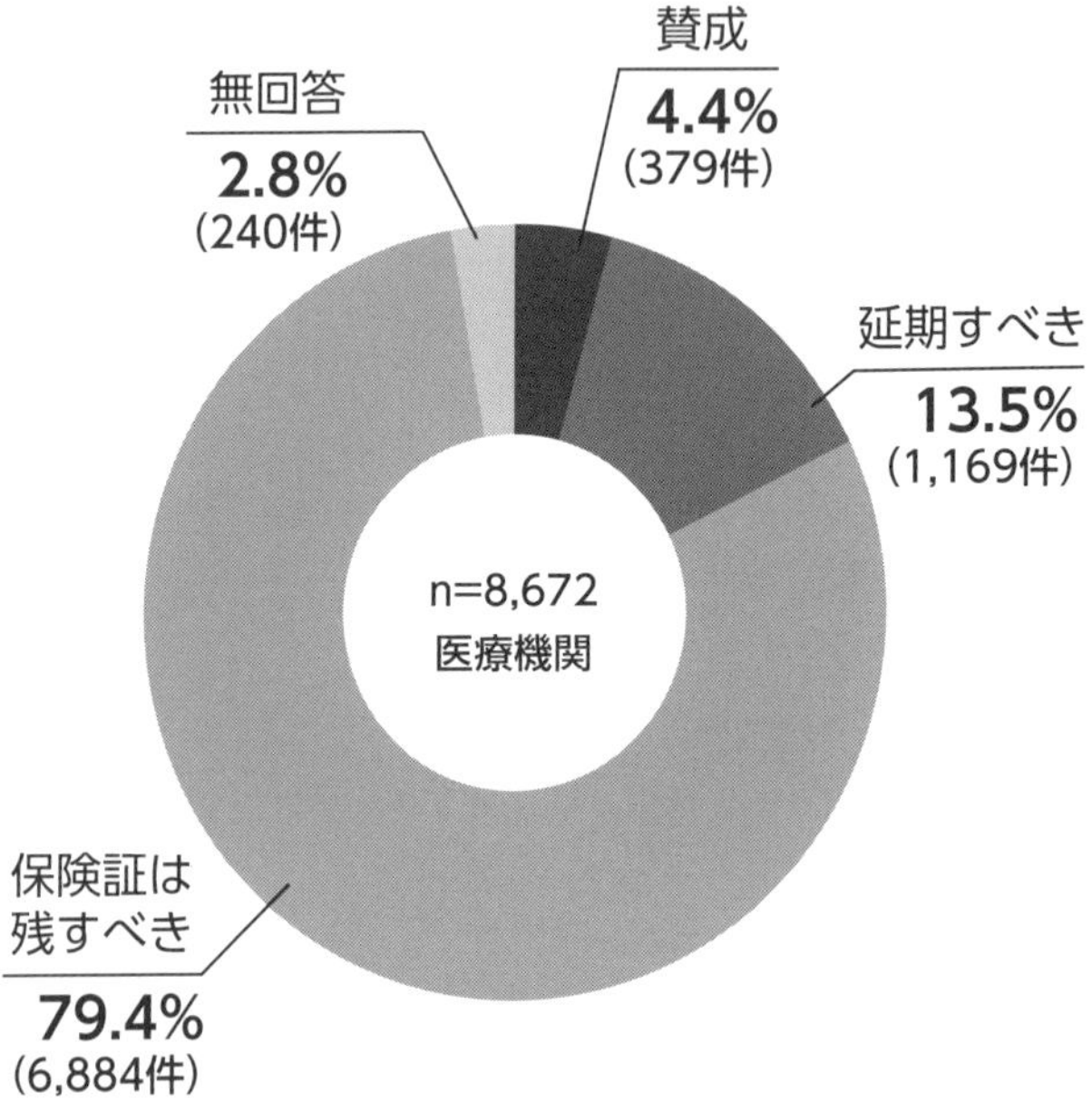

図7　健康保険証の2024年秋の廃止についての賛否

出典：全国保険医団体連合会
「2023年10月1日以降のマイナ保険証トラブル調査」
(2024年1月31日)

でもあります。

本書は、マイナ保険証の害悪を解説するものですが、そもそもその元となるマイナンバーカード自体がろくでもないものです。このあとも、たびたびマイナンバーカード自体の事例も取り上げることになりますが、健康保険証の廃止は全体の一つでしかないということを知ってもらう意味でもマイナンバーカードにまつわるデジタル庁の話をしておきましょう。

覚えている方も多いと思いますが、2023年5月に北九州市で、マイナンバーカードに別の人の公金受取口座が誤って登録されていたことが複数発覚し、それをきっかけとして、全国各地でトラブルが同時多発的に発生していることがわかりました。公金受取口座の誤登録によってマイナポイントが振り込まれなかったというトラブルのほか、マイナ保険証に別人の医療情報が紐づけられていた、などが報道されています。

この誤登録は、すでに前年2022年の夏ごろに発覚していましたが、それが報告されずに長く隠蔽されていたことがわかっています。デジタル庁の幹部や河野デジタル大臣は、マスコミの報道で初めてそれを知ったと国会で答弁しています。大きな問題が生じているのに1年近く隠蔽されていたのですから、怠惰を通り越して組織の存在自体が社会に害を与えています。

なぜ、公金受取口座の誤登録が生じたのか？　信じられない話ですが、利用者が自治体の端末で登録手続きを行った際に、手続きが終了した段階で自動的にログアウトする機能が実装されていなかったのです。そのため、利用者がログアウトするのを忘れた場合、次の利用者が前の画面をそのまま引き継いで手続きを進めることになり、他人の公金受取口座が紐づけられてしまいました。

自動ログアウトの実装漏れは、普通のシステム開発では考えられない初歩的なミスです。誰も気づかず、検証もされなかったとはにわかには信じがたいものです。

国会での河野デジタル大臣の当時の言い訳が、まったく他人事であったことも印象的です。「利用者がマニュアルどおり操作しなかった」「自治体の職員がマニュアルどおり、利用者を支援しなかった」「保険組合の登録ミス」「富士通のミスによるバグが発生」。要は、人のミス、人が悪い、の繰り返しです。

システムとはヒューマンエラーが生じることを前提に組むのが基本なのに、ひどい言い草です。

また、河野大臣は、いずれのトラブルも個別に発生している些細なもので、たまたまマスコミ報道が集中しているから大事《おおごと》に見えるだけ。一つひとつ対処しているので、今後は心配ないとも言っています。しかし、先にも見たようにあれから1年近く経ちますが、保団連の調査のとおりトラブルはいっこうに減っていません。むしろ報道する回数が減っただけともいえます。

これはほんの一例にすぎません。

マイナ保険証のシステムは、どうあがいても完成しない

トラブルが増加する理由を三つ紹介してきました。最後にまだ第四の理由があります。ある意味最も深刻なのですが、マイナ保険証のシステムはもはや直しようのないシステム

であることです。これから先、システム改善にいくらお金をつぎ込んでも完成しないのです。そのまま健康保険証が廃止になり、その結果、利用者が急増すれば、正比例してトラブルも急増します。これは私が思いつきで言っていることではありません。一般社団法人情報システム学会マイナンバー制度研究会が提言していることです。

同研究会は2023年10月10日に『「マイナンバー制度の問題点と解決策」に関する提言』を発表しました。文字どおり、マイナ保険証の基礎となるマイナンバーカードの問題点と解決策をA4、26ページにまとめた提言書で、PDFをネットからダウンロードできます。

まず、その冒頭の文章を引用すると……。

誤解しないでいただきたいのは、「本提言は、マイナンバー制度の目的と推進そのものを否定するものではない」ということである。マイナンバー制度で実現しようとしている「公平・公正な社会の実現、行政の効率化、国民の利便性の向上」という3つの目的とその実現のためのデジタル化推進は、日本社会にとって有益な施策であることを強調しておきたい。（同提言、p.2）

このような立場から同提言は、マイナンバーカードをめぐり多くの問題が発生している原因と、今後いくらシステム改善に取り組んでも永久に完成しない理由が述べられています。

マイナンバーカードに個人情報を集約するには、保険証番号、介護保険番号、基礎年金番号、銀行口座番号などを、それぞれ個別に管理・運用しているシステムからデータを持ってこなければなりません。これを「名寄せ作業」というのですが、その際「漢字コードの違い」と「住所表記のゆらぎ」によって、同一の人物かどうかの照合が不正確になったり、文字化けが生じたりしていると、同提言は指摘します。

「漢字コードの違い」については前述しました（p. 29）。なぜ、システムによって異体字の文字コードが異なるかについては、同提言に詳しく書かれていますので、興味があればそちらを読んでください。

一方、「住所表記のゆらぎ」とは、たとえば、あるシステムで「北区天満6丁目1番19号　六甲天満ビル1002号」と登録されている住所が、別のシステムでは「北区天満6－1－19－1002」と登録されていることをいいます。あるいは、「北区天満6－1－19　1002号室」の場合もあるでしょう。すべてのシステムで表記が一致していることのほうが珍しいぐらいです。この表記のゆらぎをコンピュータは同一の住所だと判断できないために名寄せ作業ができないのです。

同提言では、名寄せ作業にかかる前に、「漢字コードの違い」と「住所表記のゆらぎ」をどのように処理するかの基準をあらかじめ設け、さらにコンピュータで処理する部分と人間の目視で処理する部分の役割分担を明確に決めておくべき「だった」と述べています。「だった」と過去形にしたのは、今からでは取り返しがつかないからです。

なぜ、今からでは取り返しがつかないのか。その理由、つまり、今後いくらシステム改善に取り組んでも永久に完成しない理由は、仮に一人ひとりの情報（膨大な情報量ですが）を総点検しても、すでに転居による住所変更、結婚による氏名変更、転職による保険証番号の変更があった場合は追跡しようがないからです。しかも、点検作業している最中にも、転居、結婚、転職などが次々と発生します。だから、積んでも積んでも崩れる賽の河原のように点検作業は永遠に続き、二度と100％正しいデータベースは構築できないのです。

なお、『「マイナンバー制度の問題点と解決策」に関する提言』では、「システムごとの漢字コードの違い」と「住所表記のゆらぎ」の問題とは別に、より根本的な問題として、1枚のマイナンバーカードに本人確認をはじめ、多種多様な機能を盛り込もうとしていることを挙げ、それによって不正利用のリスクが高まっていることも指摘しています。不正利用については、第5章で説明します。

第2章

マイナ保険証で便利になるのか？

ならない。
むしろ、
不便な世の中になる

複雑極まりないマイナ保険証の仕組み

マイナ保険証が1枚あれば、とても便利になると思っている人がいれば、それは大間違いです。そもそもこれまでの健康保険証だって、特に不便を感じていなかったでしょう。これまで病院や診療所に1枚持っていけば、どこでも受診できることが当たり前でした。しかし、それがマイナ保険証のおかげで、とても不便で面倒なことになります。

次の「1枚でわかる日本のデジタル化」という図8は、マイナ保険証のせいで複雑になる仕組みを一目で理解できるようにと私が作成したもので、日本の「デジタル化」のアホさ加減を象徴する図です。

図8の左側は、これまでの仕組みです。いえ、仕組みというほどではありませんね。利用者が健康保険証1枚を提示するだけで病院や診療所は被保険者資格を確認できるので、すぐに受診できます。以上、おしまい。

一方、右側は健康保険証の廃止によって、被保険者資格を確認するためのパターンが6

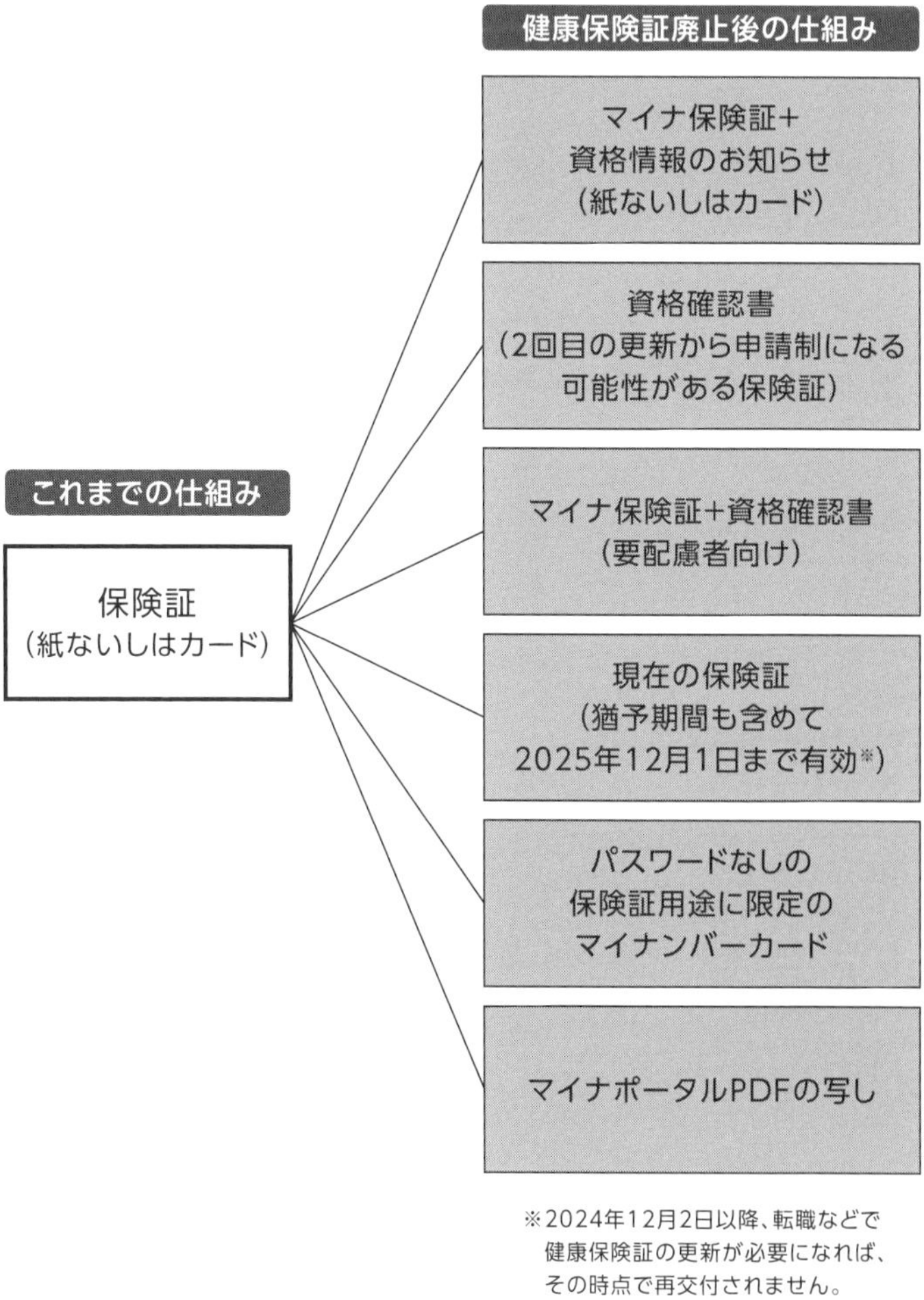

図8　１枚でわかる日本のデジタル化

つに増えることを示しています。当初、デジタル庁はマイナ保険証1枚あれば非常に便利になると言っていましたが、1枚で済まないだけでなく、資格確認のパターンが6つにもなります。このおかげで医療機関や保険組合は非常に業務が煩雑になり、負担が増える一方で、利用者にとっても不便で面倒な事態となります。それらについて、順に説明していきましょう。

今まで不要だった交付申請手続きが必要に

資格確認のパターンが6つもできてしまったのは、問題が生じるたびに厚生労働省やデジタル庁が行き当たりばったりで対応してきたからです。事前調査もせずに、思いつきでマイナ保険証を始めた結果です。もともと、これまでの健康保険証1枚がマイナ保険証1枚に変わる目論見だったはずです。それが、やたらと複雑になりました。

実は、2023年の夏の時点でパターンは4つでした。それが、追加の場当たり対応を経て、本書を執筆しはじめた2024年2月時点では6つに増えてしまいました。今後、さらに増えると「1枚でわかる」の紙面に収まらなくなるのではと心配していたのですが、それが的中し、2024年3月末時点で9パターンに増えることになりました。それについては後述しますので、まず6つのパターンを説明しましょう。

■**パターン1／マイナ保険証＋資格情報のお知らせ**

利用者がマイナ保険証を使う場合、病院側はそれを専用のカードリーダーで読んで被保険者資格を確認します。カードリーダーを導入するには、今は補助金が出るとはいえ費用がかかるので、個人の開業医などで導入していないところもあります。2023年1月時点で、顔認証付きカードリーダーの申し込みを済ませた医療機関は90・8％（2023年1月8日付社会保障審議会医療保険部会資料）ですので、残りの9・2％の医療機関ではマイナ保険証は使えません。また、訪問医療の場合も、患者の自宅にカードリーダーはありませんので、マイナ保険証は使えません。

厚生労働省はこうした事態に対応するために、「資格情報のお知らせ」という書類をマイナ保険証の利用申し込みをしている被保険者全員に交付することを決めました。2024年1月時点の人数にして7143万人に郵送することになります。「資格情報のお知らせ」には、氏名や生年月日、被保険者番号、負担割合などが書かれていて、マイナ保険証が使えなくても、これを見せれば被保険者の資格があることが証明されます。

「じゃあ、健康保険証をそのまま使えばええやん。金と労力かけて何がしたいの?」と言いたくなることでしょう。これはもう単にメンツを守る戦いです。法律で健康保険証の廃止を決めてしまったので後戻りできないという立場と、国民全員がすべての医療機関で安心して医療を受けられるという立場を、厚生労働省が維持するためにこのようなばかげたことに社会全体は巻き込まれているのです。

これまでの健康保険証なら1枚で済んでいたのに、利用者は常にマイナ保険証と「資格情報のお知らせ」の2枚を携帯しなければなりません。遠い将来、全国すべての医療機関にカードリーダーがいきわたり、すべての訪問医療がカードリーダーを携帯するようになるまで、皆さん全員がマイナ保険証と「資格情報のお知らせ」の2枚持ちとなります。

また、「資格情報のお知らせ」はＡ４の紙で届く可能性があります。八つ折りにして財布に入れておけというのでしょうか。きっとすぐにボロボロになるでしょうし、破れることもあるはずです。どこが「デジタル化」なんでしょうか。

破れたりすれば、再交付の申請手続きが必要になります。高齢者や障害者の方など人によっては、この手続きが大きな負担になるケースもあるでしょう。破損しにくいプラスチックのカードで交付される可能性もあるようですが、それだとコストがかなりかかり、さらなる税金の無駄遣いです。

■パターン2／資格確認書

マイナ保険証の取得は任意ですので、取得しない人も出てくるでしょう。一方で、2024年12月2日には、これまでの健康保険証が廃止されることが決まっています（猶予期間として1年間だけ継続使用が可能）。もともとは強制的にマイナ保険証を国民全員が使うようにする目論見でした。しかし、マイナンバーカードの取得率が１００％にはなり得ないことや世論の猛反対を受けて政府はマイナ保険証を持たない人向けに「資格確認書」というものを交付することに決めたのです。

資格確認書とは、氏名、生年月日、被保険者番号、保険者情報などが記載されたカードのようなものです。

はい、お気づきですね。これもこれまでの健康保険証と実質的に同じものです。

国会における厚生労働省の答弁でも、現在の健康保険証に書かれている内容はそのまま踏襲され、上段にある「健康保険証」という記載が「資格確認書」に変わるといった程度の違いしかないことがほのめかされています。このやり取りは2024年4月25日の衆議院の特別委員会での審議で、立憲民主党の岡本あき子議員から厚生労働省の官僚に対して行われたものです。

このなかで、岡本議員は従来の健康保険証と資格確認書の記載事項はどこが違うのか問いただしました。厚生労働省の官僚の答弁はしどろもどろでした。なぜなら、まったく同じ記載のものを呼び名だけ変えているからです。岡本議員からは「資格確認書という名称をやめて健康保険証という名称のままにしたほうが、名称変更の手間が省けるのではないですか」との指摘もありました。あまりにばかばかしいことを行政は行っています。

しかも、実オペレーションにおいては健康保険証よりも劣化したものとなる可能性が高くなっています。たとえばこの資格確認書は、マイナ保険証を取得しない人全員に対して、最初の1回は申請しなくても交付されることが決まっています。（おそらく現在と同じ郵送）。

しかし、申請しなくてもいいと決まっているのはあくまで1回目だけで、2回目以降の更新時期には、被保険者が申請しなければならない可能性が否定されていません。申請を忘れれば、被保険者資格を失ってしまいます。そうなると、保険料を支払っていても医療費を10割負担しなければなりません。

もちろん、その後申請して資格確認書を取得すれば、いったん払いすぎていた医療費が戻ってきますが、それも面倒です。ですので、資格確認書は劣化した健康保険証だといえます。

なお、資格確認書の更新時期は、各保険組合が5年を超えない期間で決めることになっています。その更新の対応に、各保険組合もよけいな業務負担を強いられることになるのです（第4章参照）。

「パターン2／資格確認書」をここまで読まれて、素直にマイナ保険証を取得すればいいのではないかと考えた人もいるかもしれません。「デジタル化に適応していかないといけない」みたいな話をする人は相変わらずいます。しかし、マイナ保険証を取得しない人や利用しない人が劣った考えを持っているわけではないでしょう。マイナ保険証を使ったおかげで資格確認ができずに10割負担させられた、赤の他人の情報が紐づけられていた、顔認証がうまくいかない、などなど、あれだけトラブルが続いたのですから、マイナ保険証を取得する気にならない人がいてもおかしくありません。そもそもマイナ保険証の取得は任意だと法律で決まっています。にもかかわらず、これまでの健康保険証の廃止を決めたことのほうが間違っているのです。

■パターン3／マイナ保険証＋資格確認書

高齢者、障害者、難病患者など、特に配慮や支援が必要な方は「要配慮者」といわれます。全国に約1千万人いるとされていますが、このうちの半数ほどの方には利便性を配慮して、マイナ保険証を持っていても、トラブルに備えて資格確認書も持ってもらうことになっています。要配慮者のうちの半数ぐらいは両方を持つことになります。では、要配慮者のうちの誰に資格確認書を交付して、誰は必要ないのか。これを判別する業務が、各保険組合の手を煩わせることになるでしょう。実運用上は、利用者側は資格確認書しか使わないケースが多いと思われますので、パターン2に含まれるといってもいいのですが、行政の管理上は単独の資格確認方法として独立させることになります。

■パターン4／これまでの健康保険証

2024年12月2日に、これまでの健康保険証の廃止が決まりましたが、その後1年間は猶予期間となるため、本当に利用できなくなるのは、今の決まりでは2025年12月2日からです（ただし、その間に転職などで健康保険証の更新が必要になれば、その時点で再交付されません）。それまでの間は、資格確認の一つの方法として、これまでの健康保険証は残ります。おそらく、何らかの強制が働かない限り、使用できなくなる直前まで最もよく利用されることになるでしょう。

■パターン5／パスワードなしの保険証用途限定のマイナンバーカード

これは、高齢者などのなかに暗証番号の管理が難しい人がいるという指摘を受けて生まれてきた資格確認方法です。マイナポータルなどの暗証番号を必要とするサービスは利用できませんが、医療機関を受診したり、過去の受診歴や薬剤情報などを確認したりなど、健康保険証として利用できます。これもこれまでの健康保険証で事足りるのに余計な管理コストだけがかかる方式となっています。

ここまで資格確認の6つのパターンのうち5つのパターンを説明してきました。これまでの健康保険証と比べて、いかに複雑な仕組みであるかがわかっていただけたと思います。読者のなかには、デジタル化を進めるための過渡期であるためやむを得ない。デジタル化が完成すれば、はるかに便利になると思っている人がいるかもしれません、そのような読者は、第3章以降に進んでください。

今政府が進めているマイナ保険証は、効率を高めることや何らかのコストを圧縮するといった一般の人が期待する意味でのデジタル化とまったく関係がありません。むしろ、それに逆行しているという意味で、デジタル化を阻害する取り組みです。

究極のナンセンス！　マイナポータルのＰＤＦの写し

では、残った6つ目のパターンを説明しましょう。最後は節を改めて記述するほどの、究極のナンセンスです。日本の政治や行政が、いかにアホであるかがよくわかります。それが「マイナンバーカード＋マイナポータルのＰＤＦの写し」の活用です。

■パターン6／マイナンバーカード＋マイナポータルのＰＤＦの写し

２０２４年の元旦、巨大地震が能登半島を襲いました。お亡くなりになったご遺族にお悔やみ申し上げるとともに、本書が発売される時期になっても、多くの方が過酷な避難生活を余儀なくされているであろうことを思うと、たいへん心苦しく思います。

この地震では、日本社会のさまざまな問題点が浮き彫りになりましたが、その一つとして、マイナンバーカードおよびマイナ保険証が災害時にまったく役に立たないことが露呈しました。停電になり、通信回線が切れて使えなくなるのは、当然といえば当然です。電気が復旧したあともカードリーダーを調達できず、役に立たないままでした。災害時の避難所への入居手続きや供給物資の需要の把握、罹災証明の発行、投薬情報の確認などに役立つという触れ込みでしたが、何一つできませんでした。

どんなときにも非常に便利であるはずのマイナンバーカードが役に立たないとなれば、デジタル庁や厚生労働省の沽券にかかわるのでしょうか。そこでデジタル庁は行政関連の手続きにおいてはＪＲ東日本のＳｕｉｃａを使って利用者のニーズ把握に努めるとともに、医療保険関連の手続きにおける災害時の対策として「マイナポータルのＰＤＦの写し」という新機能を発表したのです。災害時だけでなく、これさえあればマイナ保険証が使えなくても安心して保険医療が受けられるという「切り札」の登場です。

こうしてマイナポータルの新機能が２０２４年2月6日から公開されました。マイナポータルの健康保険証情報の画面をＰＤＦ化して保存できるという新機能です。そのＰＤＦを普段からスマホに保存しておけば、災害時でもスマホで提示することで被保険者の資格が証明できるというわけです。それならマイナ保険証（マイナンバーカード）自体いらないよねという自己否定をするシロモノなのですが、マイナ保険証自体を否定しないために、マイナポータルのＰＤＦの写しと一緒にマイナンバーカードを提示しなければならないという運用になりました。

経済協力開発機構（ＯＥＣＤ）が2024年2月に発表した2023年版「デジタル政府指数」で、日本政府のデジタル化が調査対象の加盟33ヵ国中、31位まで急落したのもうなずけます。マイナンバーカードというものを使わせるためだけに人間を振り回しているのですから。

ただ、この話にはオチがあります。これは元からそうなのですけども大きな災害の際には、資格確認をしなくても医療を受けられるようになっています。それこそ健康保険証も手元にないというケースがあり得ますからね。実際、能登半島地震の際にも、2月29日の段階でそのような体制が取られました（次ページ 図9）。

1月の段階でこの紙を通知していれば済んでいた話だということがおわかりいただけるでしょうか。

しかし、デジタル庁がみずからの存在価値を示すためだったのか、しゃしゃり出てきて無駄な仕事を生み出し、社会を混乱に陥れることで通常の行政が遅滞するというお決まりの展開になりました。なお、この資格確認方法はＰＤＦが有効であることを示さなければ

「令和６年能登半島地震」の被災者の方へ

ひと、くらし、みらいのために
厚生労働省
Ministry of Health, Labour and Welfare

令和６年２月２９日１７時時点

保険証や現金がなくても医療機関等を受診できます

【対象者】

（１）・（２）の両方に該当する方

（１）災害救助法の適用市町村の住民の方で、次の保険者に加入されている方

対象保険者（石川県）

金沢市、七尾市、小松市、輪島市、珠洲市、加賀市、羽咋市、かほく市、白山市、能美市、津幡町、内灘町、志賀町、宝達志水町、中能登町、穴水町、能登町
石川県後期高齢者医療広域連合、全国健康保険協会（協会けんぽ）
（上記以外に、一部の健保組合・国保組合についても免除される場合があります。詳細は各組合にお問い合わせください。）

（２）次の①～⑤のいずれかに該当する方

① 住家の全半壊、全半焼、床上浸水又はこれに準ずる被災をされた方
※罹災証明書の提示は必要ありませんので、窓口で口頭で申告してください。
② 主たる生計維持者が死亡し又は重篤な傷病を負われた方
③ 〃 の行方が不明である方
④ 〃 が業務を廃止、又は休止された方
⑤ 〃 が失職し、現在収入がない方

【受診・利用の流れ】

医療機関、介護サービス事業所等の窓口で、対象者である旨をご申告いただくことで、医療保険の窓口負担や介護保険の利用料について、支払いが不要となります。

【特例の期間】 令和６年９月末まで

【留意事項】

・ この免除を受けるには、上記の①～⑤のいずれかに該当する必要があることから、医療機関等の窓口でご申告いただいた内容について、後日、ご加入の保険者から、確認が行われることがあります。
・ 上記の医療保険・介護保険の加入者であれば、県外の医療機関等を受診、介護サービスを利用された場合にも支払いを求められることはありません。
・ なお、入院・入所時の食費・居住費などはお支払いいただく必要があります。
・ 上記以外の保険者については、医療保険の窓口負担や介護保険の利用料を支払っていただく必要がありますが、一定期間は支払いが猶予される可能性があります。詳細は各保険者にお問い合わせください。

○お問い合わせ
この窓口負担の取扱いについて、ご不明な点があれば、ご加入の各保険者にお問い合わせ下さい。

図9　能登半島地震の被災者に向けた厚生労働省の案内

なりませんからかなり前にダウンロードしていたようなものでは使えません。

ですから、利用者は災害に備えて毎月のようにマイナポータルにログインしてPDFをダウンロードしておかなければならないのです。こんなバカなことを毎月、多くの人がせっせと繰り返している姿を想像してください。もはやコントの世界です。これがデジタル庁と厚生労働省のいうところの「デジタル化」です。

増殖が止まらない！　資格確認のパターン

ここまで本書の原稿を書き進めてきましたが、それと並行して危惧していたことも着々と進行していました。案の定、資格確認のパターンがさらに増えて、2024年3月末時点で、なんと9パターンになりました。日本の「デジタル化」というのは1パターンで済んでいた確認業務を9パターンに増やすという、ものすごいものです。

その結果、私が予想したとおり「1枚でわかる日本のデジタル化」の図が「1枚」に収まり切らなくなってしまいました。ＹｏｕＴｕｂｅ用のフリップは、なんとか1枚に収めたのですが、本書では文字が小さくなるため箇条書きにいたします。以下の①〜⑥はすでに説明したパターン。⑦〜⑨が新しいパターンです。

①マイナ保険証＋資格情報のお知らせ
②資格確認書
③マイナ保険証＋資格確認書
④これまでの健康保険証
⑤パスワードなしの保険証用途限定のマイナンバーカード
（＝顔認証専用のマイナンバーカード）
⑥マイナンバーカード＋マイナポータルのＰＤＦの写し
⑦被保険者資格申立書
⑧スマホマイナンバーカード
⑨新マイナンバーカード

①〜⑥は説明しましたので、⑦〜⑨を簡単に説明しましょう。

⑦の被保険者資格申立書というのは、厚生労働省の説明によると、転職のタイミングやカードリーダーのトラブルなどにより、マイナンバーカードでオンライン資格確認ができない場合、被保険者資格を持っていることを証明するために必要事項を記載して提出する書類です。健康保険証であれば必要なかった紙への書き込み作業が利用者に求められ、その処理に医療機関は従事させられます。

⑧のスマホマイナンバーカードはマイナンバーカードに紐づいている氏名、住所、生年月日、性別、被保険者番号、顔写真などをスマホに搭載し、モバイルＳｕｉｃａのようにかざしてスマホをマイナンバーカードとして使うものです。２０２５年度から使用できるように法改正の準備が進められています。

２０２４年３月21日の参院地方創生デジタル特別委員会で、河野デジタル大臣は「スマホ１台でマイナンバーカードがなくても病院を受診でき、さらに高齢者や子どもの医療助成の受け取りなどさまざまなサービスが受けられるようになるので、たいへん便利である」と答弁しています。スマホ一つで何でもできるようになるなら、マイナンバーカード自体を大金かけて何千万人にも配った意味とはなんだったのかということになります。こ

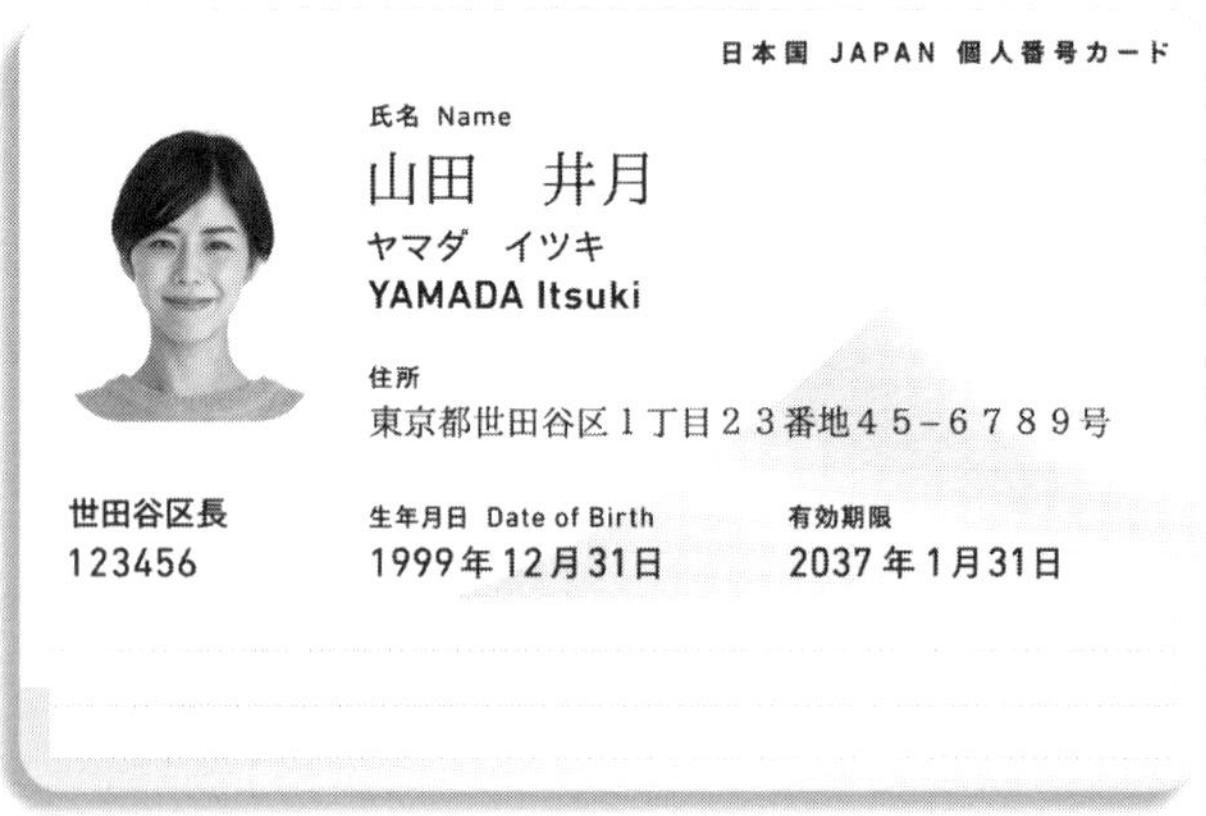

図10　2026年度から使用開始が予定されている
新マイナンバーカード

ちらについては次節で触れます。

⑨の新マイナンバーカードは、セキュリティ強化のためという理由で、暗号方式を変えた新しいマイナンバーカードです。デザインも一新され、2026年度の更新時期から順次切り替えていくことが予定されています。切り替え時期には役所の混乱や期限切れによって保険証が利用できなくなるトラブルなど多難が待ち受けています。

やはり大丈夫じゃなかった「大丈夫です」という断言

資格確認のパターンが9つにもなるという、この複雑極まりない仕組みについて、2024年3月21日の参院地方創生デジタル特別委員会で、日本共産党の伊藤岳議員が質問に立ち、医療現場が混乱するのではないかと、河野デジタル担当大臣と濵地《はまち》厚生労働副大臣を問いただしました。

第1章で紹介したとおり、全国保険医団体連合会の2024年1月段階の調査でも、医療機関の57％が「今も混乱しており、廃止後は受付業務に忙殺されると思う」と答えており（p.44図6）、混乱に拍車がかかるのは問いただすまでもありません。にもかかわらず、河野大臣は、涼しい顔で「便利になります」と繰り返すばかりです。資格確認が9パターンに増えていることも、現場がすでに混乱していることも、河野大臣にとって右から左に通り抜けていく話になっているようです。

また、伊藤議員が先ほどふれた新たに始まるスマホマイナンバーカードについて、現在のカードリーダーで読み取れるのかと質問をしたやり取りは注目すべきものでした。その質問に対して、河野大臣は「現在のカードリーダーで対応できる。大丈夫です」と断言。濵地厚生労働副大臣は「ソフトウェアの改修は必要となるが、カードリーダーはそのまま使える。ソフトウェアの改修費用が過重な負担とならないように検討する」と答えました。

二人とも現在のカードリーダーがそのまま使えると断言していますが、この時点で私は疑っていました。カードリーダーによっては、その形状や仕様から考えて、スマホマイナンバーカードに対応できると思えなかったからです。何を根拠に「大丈夫」だと言っているのか、不思議でなりませんでした。

医療機関にすでに設置されている顔認証付きカードリーダーはメーカーによってさまざまな形状のものがありますが、少なくともそのうちの複数が現在の物理的なカードの挿入を想定した仕様になっています。しかし、スマホにはいろんなサイズのものがあり、カードよりも厚みがあります。また、マイナンバーカードが画面のどこにどのように表示されるのかも、スマホによって一律ではありません。そんなバリエーションに現在のカードリーダーが対応できるように思えません。

案の定、1ヵ月後の4月19日の衆議院本会議の答弁で、河野大臣はカードリーダーによってはスマホマイナンバーカードに対応できないものがあることを認めました。

具体的には、立憲民主党の中谷一馬議員が医療機関におけるカードリーダーの対応について質問したのに対して、河野大臣は次のように答えています。

「マイナンバーカード機能のスマホ搭載への対応については、現在のカードリーダーのなかにはスマートフォンを置けないものも一部あり、その対応も含め厚生労働省においてスマートフォンによる健康保険証の利用が円滑に可能となるよう検討を行っていると承知しています。また、次期マイナンバーカードへの対応については、新旧両方のカードを取り扱うことができるようにするため、カードリーダーなどのソフトウェアを更新することが必要になると想定しています。各利用機関における負担の低減や支援とあわせ、具体的な検討を今後行ってまいります」（傍線は著者）

1ヵ月前の断言は何だったのかと思うほどの粗雑さです。これではカードリーダーを新たに買い替えなければならないといった可能性や、現在行われている資格確認方法を自己否定するような展開も予想されます。すでに導入したカードリーダーは1台10万円を超える高額なものとなっていますが、さらに追加費用が必要になるでしょう。

いずれにせよ、これまで「改善の措置を取った」と言いながら、トラブルはいっこうに解決しないという事態が続いていますが、本件の河野大臣の「大丈夫です」との断言も当てにならなかったわけです。

不便さを物語る、国家公務員の利用率わずか5・73％

マイナ保険証がいかに使いにくいか、あるいは、いかに問題が多いかを物語るデータが2024年5月に厚生労働省から発表されました。マイナ保険証の制度を普及する側の国家公務員の利用率が、わずか5・73％だったのです（2024年3月実績）。管轄する厚生労働省でさえ10％に届いていません（厚生労働省第一共済組合が8・4％、同第二共済組合が4・88％）。

前述しましたが、一般の人のマイナ保険証の利用率は2023年4月の6・3％をピークに下がり続け、2024年に入って少し上向いているとはいえ、2024年3月の時点で5・47％にとどまっています。このこともマイナ保険証が受け入れられていない証拠ですが、厚生労働省のこの発表がより深刻なのは、マイナ保険証を作った側、普及を推進している側の利用率だということです。

実は、すでに2024年2月4日付の朝日新聞のニュースで、2023年11月時点の国家公務員の利用率が報道されており、そのときは4・36%でした。私はこのニュースを見て、ひっくりかえりそうになりました。いくらなんでも、国家公務員の利用率がこんなに低いなんて。便利だったら、率先して使うはずですよね。それが4か月後の2024年3月になっても5・73%とほとんど使われていない。いかに必要とされていないかという証拠です。その一方で、マイナ保険証をどんどん使ってくださいと呼びかけるのは無責任です。いわば、自社の車に絶対乗らないという社員からその車を買いたくないのと同じ話です。

河野デジタル大臣は以前、健康保険証の廃止にイデオロギー的に反対する人は、いつまで経っても反対するといった主旨の発言をしました。そのときもイデオロギーは関係のない話だと思いましたが、この国家公務員の利用率からも、イデオロギーなんて関係ないことは明白です。これは本書の最初のほうでも述べたことですが、「だからこそ深刻」なのです。

ちなみに、2024年3月時点の各省庁の利用率は次のようになっています。

・総務省　10・31%
・厚生労働省第一共済組合　8・4%

・厚生労働省第二共済組合　4・88％
・農林水産省　7・66％
・経済産業省　7・15％
・文部科学省　5・74％
・外務省　4・5％
・防衛省　3・54％

外交や防衛に精通している人は、特に危険だと判断しているのでしょうか。

聞くところによると、国家公務員はマイナンバーカードを社員証のように使っているそうです。したがって、全員が常に携帯していることになります。それでもマイナ保険証としては使わないと判断しているのですから、もう終わっていますよね。

健康保険証の廃止まで1年を切った段階で、国家公務員の利用率が10％にも満たないと判明したことは、社会全体に大きな衝撃を与えたと思います。しかし、それ以上に衝撃を受けたのは、きっとマイナ保険証推進側の当事者である厚生労働省とデジタル庁だったはずです。にもかかわらず、何とか広めようとシステム改修や広報活動に税金を湯水のようにつぎ込んでいるのですから、無能な人が行政の長に就くといかに深刻な事態になるか、おわかりいただけると思います。

全国の自治体でもほとんど活用されていないことが判明

マイナンバーカードがいかに使い勝手が悪く、不便であるかを別の角度から見てみましょう。

第一に挙げるのが、マイナンバーカードを図書館カードとして利用するのをやめる図書館が出はじめていることです。徳島新聞の記事によると、徳島市立図書館ではマイナンバーカードを図書館カード代わりに使って本を貸出すサービスを2024年5月26日に終了するとのことです。河野大臣が保険証をはじめ診察券や図書館カードなどあらゆるものがマイナンバーカード1枚で済む、マイナンバーカードはこれからのDXの基盤だと旗を振っている裏で、徳島市立図書館のサービスはひっそりと幕を閉じたのです。

徳島市立図書館は2019年にマイナンバーカードの利用を始めているので、積極的な図書館でした。それをなんで取り止めたかというと、一つ目の理由はほとんど利用されていなかったからです。2019年から2023年の5年間でマイナンバーカードを使った貸し出しが、たったの255件。図書館カードの登録者が13600人に対して、マイナンバーカードの利用者は78人しかいなかったそうです。そら止めるでしょうね。

もう一つの理由は、法改正によりマイナンバーに対応するためのシステムを更新することが必要になり、費用がかかるからです。ほとんど使われていないわけですから、取り止めたのは当然の判断です。図書館カードを運用する程度のシステムなら、なにも大規模なマイナンバーシステムに連動せずとも、簡単な単独アプリで済ませたほうが合理的だということです。なんでもかんでも大規模なマイナンバーシステムと連動することが不合理であることの証拠です。

徳島市立図書館だけじゃないのではと思って調べてみると、すぐに複数の図書館でも同じようにサービスを停止しているのが見つかりました。これからもマイナンバーカードの利用を取り止める図書館は続くと思います。

第二に挙げるのが、会計検査院が2024年5月15日に発表した非常に興味深い調査結果です。それによると、全国の自治体ではマイナンバー関連の情報システムがほとんど使われていないことが判明しました。会計検査院とは、国や地方自治体などの予算が適切に執行されているかを検査する政府の独立機関ですので、湯水のように税金を投入してさまざまな機能を開発したのに、ほとんど使われずに無駄に終わっていると公式に示したことになります。以下に、調査結果を具体的に紹介しましょう。

この調査は460の自治体などに対し、マイナンバー関連の情報システムの1258機能の利用度を調べたものです。結果、調査対象の自治体などの半数以上が活用している機能は、1258機能のうち、わずか33機能（比率にして2.6%）でした。逆に、利用率が10%未満の機能は1134機能（90.1%）もあり、利用がゼロの機能に絞っても485機能（38.6%）と、ほとんど使われていません（次々ページ 図11）。

活用しない理由として「業務フローの見直しやマニュアル作成が未了」「添付書類を出してもらったほうが効率的」「かえって余計な作業が増える」という声があがっています。2024年5月15日付の朝日新聞の記事に現場の事情のよくわかる声が載っていますので引用すると、指定難病患者への医療費支給の手続きを担う同課には年間約13700件の申請がある。しかし、業務でマイナシステムを使わず、申請者には医師の診断書や住民票、課税証明書などの書類を提出してもらっている。設計上、マイナシステムで入手できるのは必要書類の情報の一部だけで、システムを使ったとしても紙で書類を受ける窓口業務はなくならない。そのため、従来の窓口業務に加えシステム対応の作業が純増することになってしまう。

また、システムによる照会では必要情報が届くのに数時間から1日以上かかり、作業効率が下がるという。先行導入した他県からはエラーが出て情報入手できず、申請者に紙提出を求め直すなど業務量が増加したとの情報も入っており、導入すれば人員が足りなくなる可能性があるという。（2024年5月15日付朝日新聞デジタル）

業務を見直さず、従来の業務のまま、その上にシステムを入れただけなので、このような問題が生じています。間違った「デジタル化」の典型的な事例です。間違った「デジタル化」がどういうものかについては、第6章に詳しく書いています。

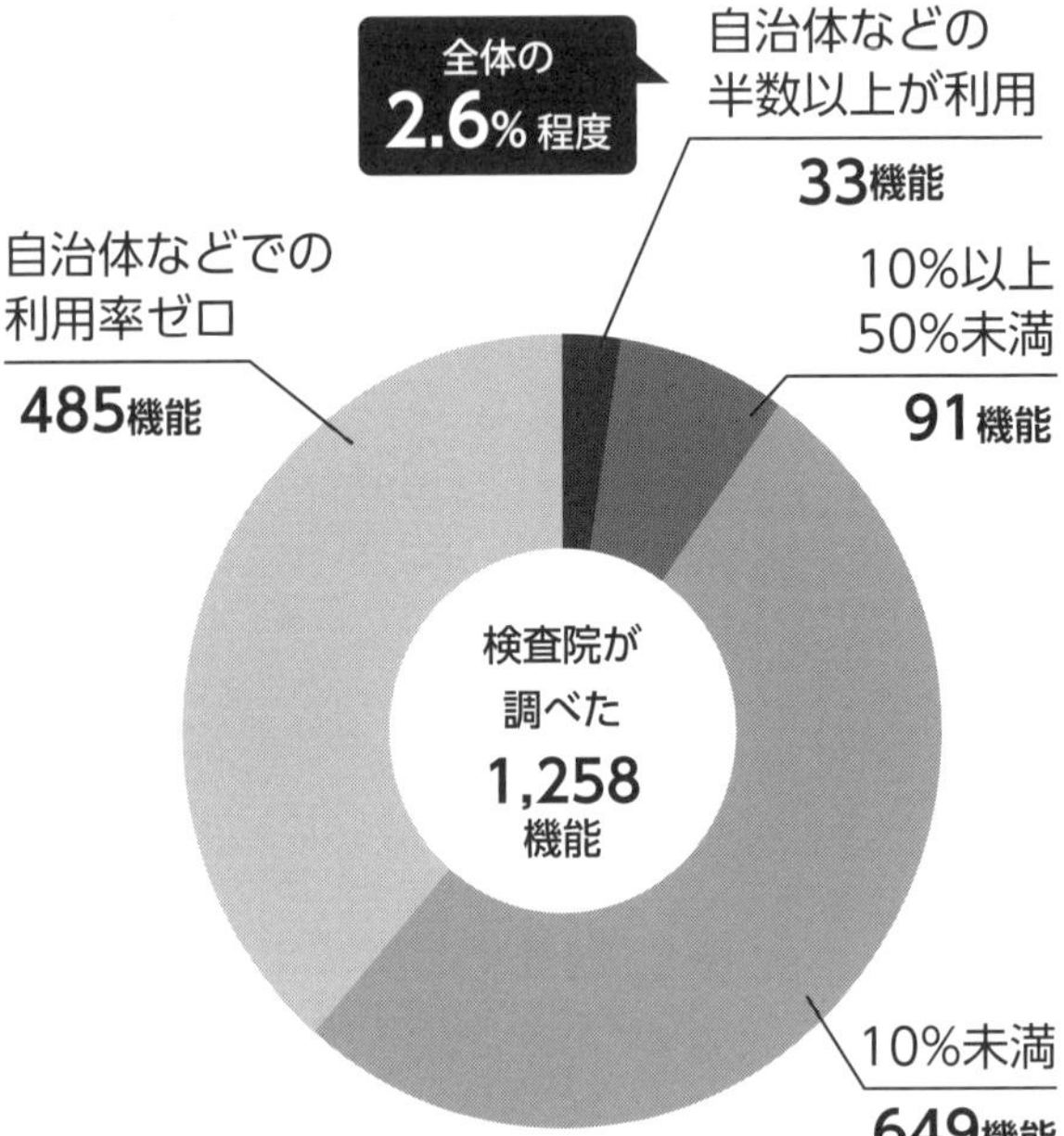

図11 自治体などにおけるマイナンバー関連の情報システムの利用度

出典：会計検査院の報告書
（2024年5月15日）

利用者の状況を知らず、押し付けても失敗するだけ

では、なぜこんな役に立たない害悪な仕組みができてしまったのでしょうか。結論を申し上げると、主管するデジタル庁と厚生労働省が、利用者の状況や医療機関などの業務の実態をまともに把握もせず、「デジタル化すれば未来は明るくなる」という、それこそイデオロギーのもと何かしらの開発作業を始め、蓋を開けて社会がうまく回らなくなると、システムに合わせてお前らが変われといった具合の押し付けに向かっているからです。

本来、システムを開発する前に、利用者が普段の業務において何に不便を感じているのかを考えつつ、業務をどのように改善すれば効率が上がり、また利便性の向上が見込めるのかといった分析が欠かせません。

そして、優秀なエンジニアに話を聞けば口を揃えて、課題を解決することができるのであればＩＴを使う必要はないと言います。これは利用者を起点に考えれば、紙ベースで処理したほうがよいケースもあることを意味しています。

デジタル化は目的ではなくあくまでも手段です。課題解決や目標実現のためにデジタル

が役に立つと思われた場合に、はじめて導入を考えればいいのです。無計画なまま開発を始めると誰も利用しない、あるいは業務の効率が落ちるといったネガティブな事象であふれることになります。

実は行政の「デジタル化」をめぐるこういった基礎的な検討不足は、マイナ保険証が初めてではありません。マイナ保険証から話がそれますが、デジタル庁がこれまでに開発したアプリは使い物にならず普及しないままフェードアウトするケースが散見されます。たとえば、入国手続きがオンラインでできる「Ｖｉｓｉｔ Ｊａｐａｎ Ｗｅｂサービス」も、東京オリンピック・パラリンピックでの健康管理アプリ「オリパラアプリ」も、新型コロナウイルス接触確認アプリ「ＣＯＣＯＡ」も全滅です。税金をドブに捨てて終わりました。

一番わかりやすいＶｉｓｉｔ Ｊａｐａｎ Ｗｅｂサービスの惨状を見てみましょう。

海外から日本に帰国あるいは入国する際に、入国審査や税務申告のための書類を書かなければなりません。飛行機の中で客室乗務員から渡されて、国内に持ち込む品物が免税範囲を超えていないかなどを記入する、あの紙です。それを手書きではなく、モバイルアプリでできるようにしたのがＶｉｓｉｔ Ｊａｐａｎ Ｗｅｂサービスです。必要事項を入力しておけば、QRコードをかざすだけで税関をスムーズに通れることが売りです。

私も一度、2023年1月に帰国する際に使いました。当時、デジタル庁は普及させようと躍起だったのでしょう、空港にアルバイトと思しき誘導員が大量に配置され「Visit Japanの人はこちらです」と大声で連呼していたことをよく覚えています。実際、入力作業を終えた後に発行されるQRコードをかざすだけでスムーズに通れたのは事実です。

しかし、このアプリは使うとわかるのですが、致命的な欠陥があるのです。誰でもわかることなのですが、飛行機の中では有料サービスを利用しない限りインターネットが使えません（ファーストクラスやビジネスクラスは別ですが）。

だから、飛行機に乗る前に忘れずに必要事項を入力するか、空港に着いて飛行機を降りてから入力するしか、このアプリは使えないのです。

前者については、わざわざ覚えておくのも面倒なことで、搭乗前にVisit Japanを使ってゲートを通り抜ける人を見かけることはほとんどないかと思います。

一方、後者については、これまでどおり飛行機の中で紙に書いたほうがスムーズにいくことに気づくでしょうから二度と使うことはないことでしょう（私はこのパターンでした）。なにせ国際便は機内において時間はたっぷりあるのですからね。

おそらく役に立たないものだということを社会が判断したのでしょう。その結果、今では飛行機内での案内もありませんし、いつの間にか空港で連呼する誘導員もいなくなりました。

もしかすると、飛行機に乗る前に入力できるから選択肢として用意しておくのは便利だという批判をする人がいるかもしれません。それについて答えるならば、「それは確かにそう言える部分はあるが、大金をかけてまでやるべきことか？」と言うだけで十分でしょう。

実は、マイナ保険証も同じ道を歩んでいます。

前述したとおり、カードリーダーのない医療機関でマイナ保険証が使えないという指摘に応え、「資格情報のお知らせ」を交付することにしました。次に、マイナ保険証の取得は任意じゃないかと言われ、それを補うために資格確認書が生まれました。また、マイナ保険証の利用が進まないため、健康保険証廃止後も1年間は使える経過措置を設けました。さらに、暗証番号を管理できない人はどうするんだという声に応えて、パスワードなしの保険証用途限定のマイナンバーカードというシロモノを編み出しました。挙句の果てに、能登半島地震でマイナ保険証が無用の長物であることがバレたため、「マイナポータルのＰＤＦの写し」という「切り札」が満を持して登場しました。

このような状況が当初から計画されたものではないことは明らかです。私も当初は大の大人がここまで能力の低い状況を生んでいるとはにわかには信じられなかったのですけども、野党サイドの指摘を受けて生まれてきたものばかりだというのが実情です。

デジタル庁も厚生労働省も社会に損害を与えるために大金をかけて役に立たないシステム開発をしたといっても過言ではありません。資本主義社会の常識に反するような現象が頻発する理由を考えるということは、日本社会を考える上でも重要な教材となるかもしれません。

最低評価の１つ星がずらっと並ぶ驚異のアプリを発見！

せっかくなので、使い物にならないアプリをもう一つ紹介しましょう。

私のYouTubeチャンネルの視聴者の方が、こんなガラクタを見つけましたといって教えてくれた「JPKI暗証番号リセット」というアプリです。

このアプリのダメさ加減は度肝を抜くレベルです。笑い事ではないけど、笑うしかないというシロモノですので、箸休めのつもりで読んでください。

国税庁のオンラインサービスである「e-Tax」でマイナンバーカードを使って確定申告する場合、税務署に確定申告書を送信する段階で電子署名が求められ、その際にパスワードが必要となります。このパスワードは、マイナンバーカードを取得する際に設定したパスワードですが、おそらく多くの人がこのパスワードを覚えていないと思います。なにせ日常生活で使うシーンがまったくといっていいほどありません。

仮にパスワードを忘れた場合は、役所にまで出向いてパスワードの再設定をしなければなりません。この不便を解消するために、颯爽とデビューしたのが「JPKI暗証番号リセット」です（次ページ 図12）。このアプリを使えば、役所に出向かなくても最寄りのコンビニのコピー機端末を使ってパスワードを初期化・再設定できるというのです。

役所に出向くとなると平日の日中に時間を取られますから、アプリで変更ができると便

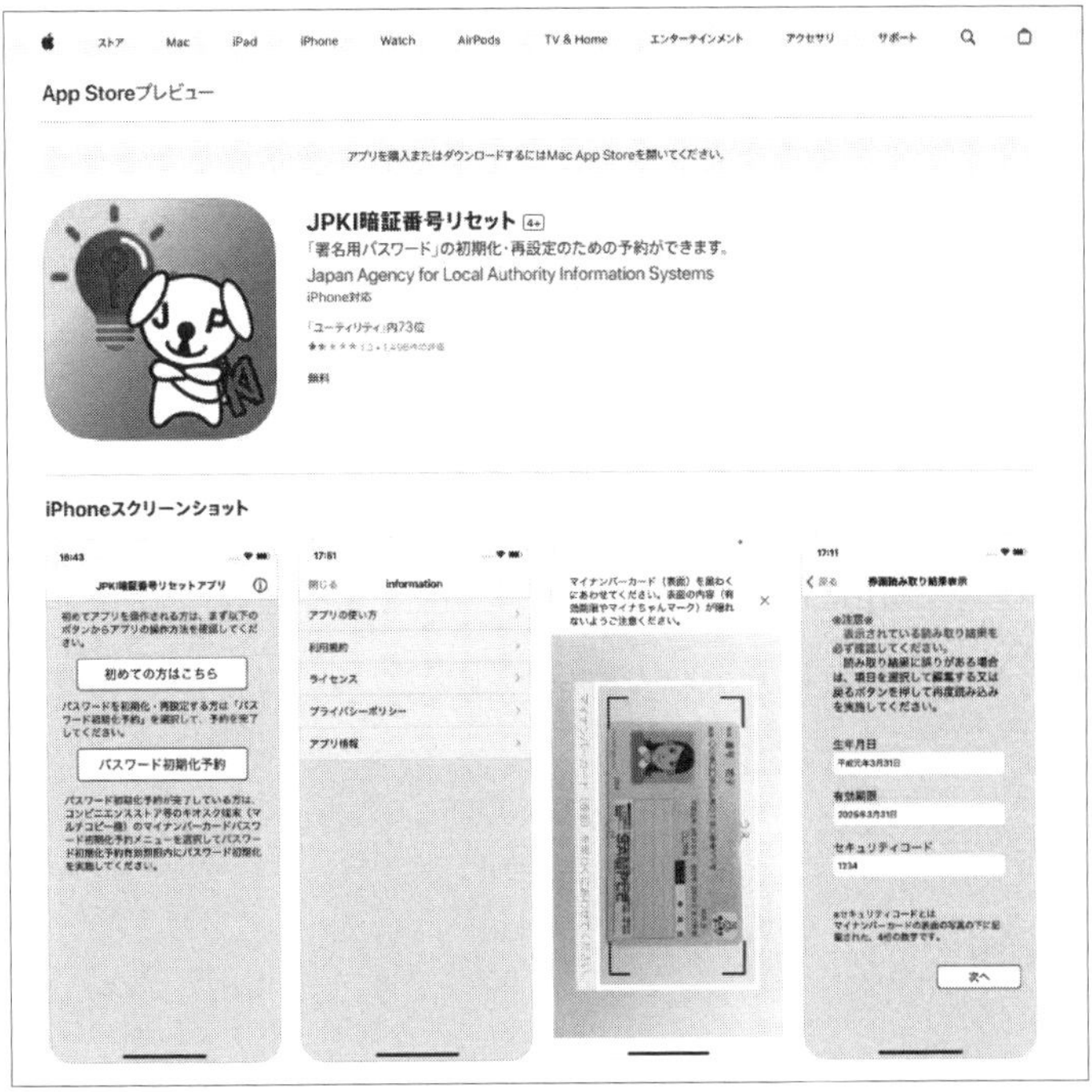

図12 JPKI暗証番号リセット

利そうに見えます。

さて問題です。このアプリを使うと、役所に行ってパスワードのリセットをするよりどのくらい便利になるでしょうか？

正解は「最初から役所に出向いたほうが速い」です。

結局、パスワードを初期化・再設定できずに終わるという、最強のガラクタアプリなのです。

なんでそんなことになるのか。

「だいたいアプリやのに、コンビニまで行かせるんかい！」といったツッコミは、この際、横に置いときましょう。本当のひどさは、それどころではありません。

いったい何が起こるかというと、手続きの終盤に顔認証するプロセスがあるのですが、いくらやってもうまく認証されないのです。その失敗が5回続くとロックがかかりゲームオーバーです。

「はい、役所へどうぞ」となります。

しかも、顔認証にチャレンジするときに入力作業があるのですが、それを失敗するたびにいちいち入れ直さなければなりません。いくらチャレンジしてもうまくいかず、顔認証失敗無限ループに陥ることもあるといいます。Apple Storeではこの難所を乗り切った猛者のレビューも載っているのですが、二日かかったというものも出てきます。それならばすぐに見切りをつけて役所に出向くのが、かしこい方法でしょう。

私が「JPKI暗証番号リセット」を見に行ったときは、レビューが1400件付いていましたが、そのときの星が平均1・3。最低評価の1つ星がずらっと並ぶという驚異のアプリです。よくこんなシロモノをサービスインしたなと。星5のレビューもあるのですが、「※アプリを入れる人が起動前に先に気づくようあえて星5にしてます。※実際のところ星なんかひとつも付けたくない」と注意喚起のために使われるなどネタの宝庫です。

莫大な金をかけて世の中を不便にしたり、関わる人の時間を浪費させたりという日本のデジタル行政を象徴しています。

第3章

医療の質は向上するのか？

向上するというのは悪質なウソ

医療情報のリアルタイム活用なんて遠い未来の話

マイナ保険証の利用率がいっこうに上がらないことに業を煮やしたのか、2023年11月に政府は887億円もの補正予算を組んで、マイナ保険証の普及促進に乗り出しました。そのうちの217億円は、マイナ保険証を積極的に推進する医療機関へのインセンティブとして支援金にあてられています。そのほかポスターやチラシを大量に作ることや、全国の自治体や商業施設でマイナ保険証の体験会や相談ブースを設けたイベントなども開催されています。

ちょっとしたネタですが、大阪で配られたチラシの過剰サービスぶりを視聴者が教えてくれました。マイナンバーカードを作りたい人のために、商業施設に出張サポートの窓口を開きましたと告知する案内チラシです。そこまではいいのですが、サポートのおまけとして、なんと顔写真を撮るために、プロのカメラマンとヘアメイクの人がお手伝いするというのです。そこまでやるか、といった過剰サービスです。

それはともかく、2024年2月16日からテレビCMも大々的に始まりました。YouTubeや新宿の屋外の大型ディスプレイでも流れていました。ところが、そのCMの内容が誇大広告を通り越して、真っ赤なウソなのです。民間のサービスなら、消費生活センターに苦情を持ち込めるレベルにひどいのです。

CMはいくつかのタイプがあるのですが、その一つが、患者本人がこれまで別の病院で受けた診療内容を忘れてしまっても、マイナ保険証に紐づいた過去の診療内容を病院側で共有して確認できるので安心だとアピールするものです。見逃していけないのは「過去」の診療内容を共有できるとしている点です。なぜわざわざ「過去」のとしているかというと、「最新」の診療内容は共有できないからです。

共有できるのが役に立たない過去の情報にもかかわらず、CMの最後にアニメの患者に「安心」だと言わせているのは優良誤認と言ってもかまいません。ここで基本的な話をしておくと、最新の診療内容が共有できない原因は、次に申し上げるように根本の仕組み自体にあるので、ちょっとやそっとのことで解決できません。

マイナ保険証で喧伝される「医療情報」とは、保険医療行為が行われたあと、その医療

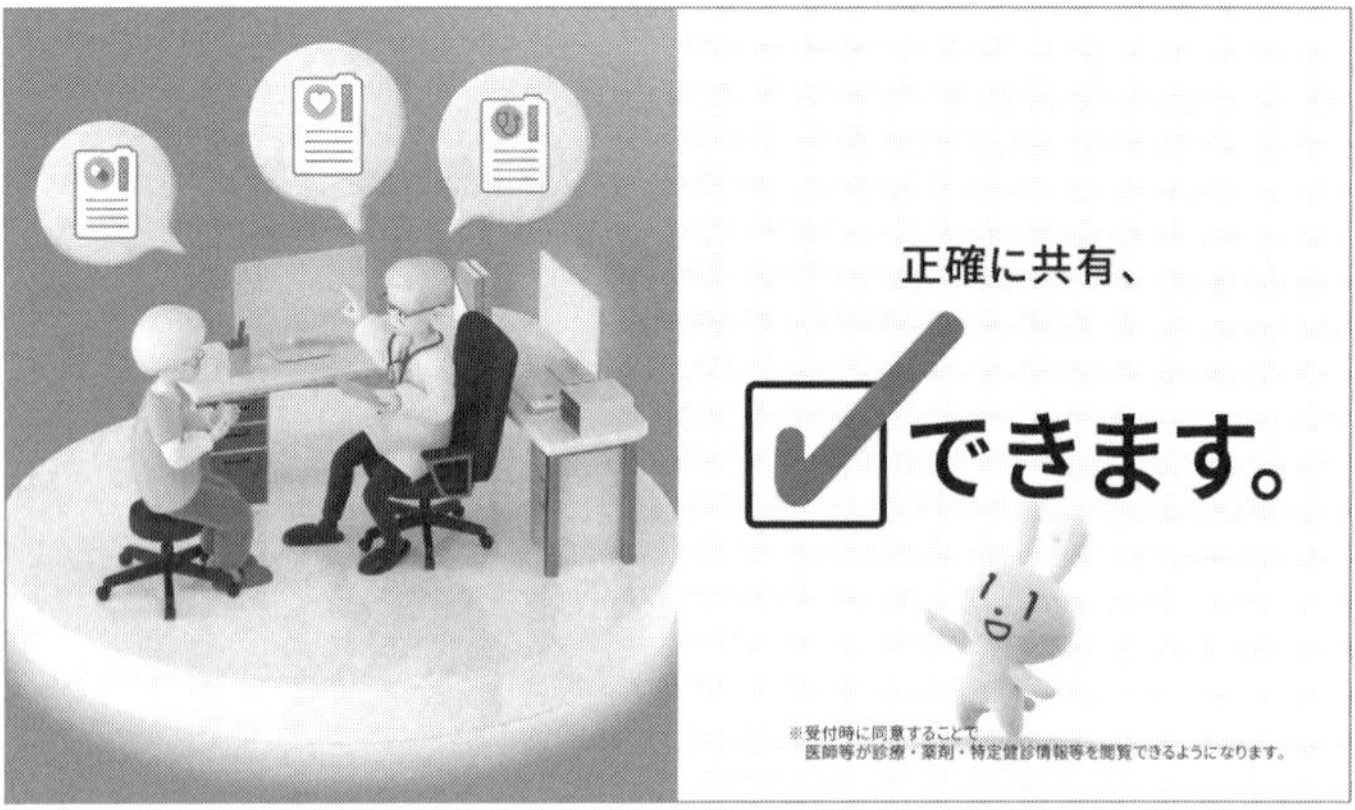

図13　ミスリードを誘うマイナ保険証の共有

機関が指定の基金などに診療報酬の残り（3割は患者負担だから提供サービス価格の残りの7割）を請求した際に登録されるデータが元になっています。

この診療報酬請求のプロセスを少し詳細に見ておくと、医療機関が診療報酬点数を計算したものを診療報酬明細書（レセプト）にして社会保険診療報酬支払基金などに送り、間違いがないかどうか審査を受けます。この際、不備がある際には差し戻しになったりしますが、審査が通ったレセプトは支払基金から管轄の保険組合（会社の健保や自治体の健保）に回り、それに基づいて保険組合が医療機関に診療報酬を支払います。

全国のすべての医療機関を横断して共有できる患者の医療情報は、このレセプトに書かれた診療内容を蓄積したデータベースが元になっています。このデータベースがマイナ保険証に紐づけられています。レセプトの処理は1ヵ月分をまとめて支払基金に送られ、さらに審査に時間がかかるので、診療が行われてからその医療情報が共有されるまでに、1ヵ月半程度はかかるといわれています（この期間には幅がありますので、少し短い場合もあればもっとかかる場合もあります）。

したがって、マイナ保険証に紐づいているデータベースを見ても、少なくとも直近1ヵ月半ほどはどのような診療を受けたか、どのような薬が処方されたのかは確認できません。医療従事者が1ヵ月半前のデータを見て、人命に関わる判断ができると思うでしょうか。そういう意味でよりよい医療が受けられるようになるというのはウソです。ちなみに、このデータベースには健康保険証に記載されている被保険者番号からもアクセスできるので、仮にそのデータに便益があっても、その点でもマイナ保険証特有のものではありません。

実は、リアルタイムに医療情報を共有する方法はあるにはあります。巨大な電子カルテシステムを作って共有する方法です。こちらが実現すれば理論上はリアルタイムに情報が反映され、共有できます。ただし、大きなハードルがあります。

一つは、そもそもカルテを紙でやっているところがまだまだ多いということが挙げられます。厚生労働省の資料によると、2020年の普及率は一般病院で57・2％、一般診療所で49・9％と、ようやく半分を超えたか超えないかといったところです。調べてみると、厚生労働省は電子カルテの義務化に動いているものの、小規模病院などでは便益を感じにくいにもかかわらず多額の金銭的負担が生じるといった問題があります（補助金はありますが、金銭的負担はその上限を超えるとの指摘も散見されます）。

もう一つが、電子カルテと一口にいっても2000年ごろから各医療機関がそれぞれに導入してきたために開発事業者が異なり、データの型がバラバラだという大きなハードルです。それを標準化しなければ、医療機関を越えて共有できないのです。つまり、医療機関を横断してカルテ情報にリアルタイムにアクセスできるかのような広告は贔屓目に見ても実態と著しく乖離しています。

そもそも電子カルテシステムはマイナ保険証と何の関係もなく、マイナンバーを使わないと技術的にできないことなどありません。

お手軽アプリに完敗したマイナ保険証

　これと似たような状況にあるものとして電子処方箋システムもあります。こちらは薬剤情報を薬局横断で見られるようにしようというものです。電子処方箋の活用により重複投薬の防止やよりよい薬剤の選択につなげようということのようです。

　しかし、２０２４年２月４日の読売新聞記事によると、２０２３年１月26日に運用が始まってから１年経過した２０２４年１月28日時点の医療機関や薬局への電子処方箋の導入率は、国の補助金があるにもかかわらず、わずか６％にとどまっています。理由は、導入・運用費が高額になることと、病院内や薬局内に保存するためのデータ入力とは別に、わざわざ電子処方箋のためにも入力しなければならず、その二度手間がネックになっているなどかなり不評な状況です。ここでも疑問に感じるのは現場のヒアリングを真摯にやったのかという点でしょう。

　こうして電子処方箋が苦戦しているのを横目に見ながら、「ＥＰＡＲＫお薬手帳アプリ」

図14 「EPARKお薬手帳アプリ」を紹介するトップページ

をはじめとしたお手軽なアプリの利用が広がっています。紙のお薬手帳の機能を持ったスマホアプリです。全国の主だった調剤薬局は、このアプリに対応しているようです。

「EPARKお薬手帳アプリ」への登録方法はいろいろありますが、アプリを立ち上げ、よく利用する調剤薬局のサイトにアクセスして、名前や保険証情報を入力して登録申請し、薬局が承認すれば完了です。

その薬局で薬を購入すれば、リアルタイムでその情報を保存することができ、調剤明細書のQRコードを読み取ることによっても、リアルタイムでその情報が保存できます。マイナ保険証からアクセスできる情報は医薬品の場合も現状は1ヵ月半以上待たなくてはいけないので、最新の情報がいつでも確認できるこちらのほうが実用的といえそうです。

処方された薬の履歴が確認できるだけでなく、薬の受け取りを予約できたり、飲み忘れを防止するアラームがついていたり、複数の薬の飲み合わせが悪くないか調べたり、さまざまな便利な機能が搭載されています。もちろん、全国すべての薬局が対応しているわけではありませんが、任意で使えるこちらのほうがいきなり義務化して強制するよりも良心的でしょう。

「EPARKお薬手帳アプリ」以外にも、「eお薬手帳」「お薬手帳プラス」といったお薬手帳アプリもあります。

救急医療の足を引っ張るマイナ保険証

ここまでマイナ保険証を活用しても、医療の質が向上しないことを説明してきました。しかし、問題はそれにとどまらず、医療の質を低下させる事態も起こり得ます。マイナ保険証を救急医療に利用することによって生じる事態です。

マイナ保険証の救急医療への利用とは、交通事故や心筋梗塞、脳梗塞などで救急車が出動した際、傷病者が意識のない状態であっても、マイナ保険証でマイナポータルにログインすれば資格確認もできるし、過去の診療履歴や投薬履歴を得られるので、適切な救急活動が迅速にできるというものです。

しかし、これが外に出して恥をかく前に誰か止めなかったのかなと思ってしまう話なのです。すでに述べてきたとおり、マイナポータルにログインしても、最新の診療履歴も投薬履歴も得られません。最も新しい場合でも1ヵ月半前の情報です。直近1ヵ月半の間に、どんな医療を受けて、どんな薬を飲んでいたかわからないような情報は、使い物になりません。

また、一刻を争う緊急事態にあって、資格確認なんて必要ないでしょう。マイナ保険証をカードリーダーで読んでマイナポータルにログインする作業は救急活動のじゃまになります。認証に時間がかかりますし、エラーが出る場合もあり得ます。病院に到着するまでの搬送中に、できうる限りの救急処置を施さなければならない救急隊員が、マイナ保険証を扱っている暇などありません。

そもそも傷病者が全員、マイナンバーカードを携帯しているかどうかもわかりませんし、マイナンバーカードを持っていてもマイナ保険証に登録しているかもわかりません。その一方で、全国のすべての救急車にカードリーダーを搭載しなければならないという大きなコストも発生しつつ、緊急時にあるかどうかもわからないカードを本人の身体からガサガサと探さないといけないのです。なんらメリットがないだけでなく、救急活動を阻害し、医療の質を低下させるのは目に見えています。

どこからどう見てもうまくいくはずのない施策ですが、どうやら行政側は本気です。消防庁は実施に向けて、実際の救急活動においてマイナ保険証を活用した実証実験を2022年度に行っています。従来の救急活動と、マイナ保険証を利用した救急活動を比較するというものです。

この実証実験に参加したのは、群馬県前橋市、石川県加賀市、滋賀県彦根市、兵庫県姫路市、熊本県熊本市、宮崎県都城市の6つの消防本部の30隊です。救急車にカードリーダーを搭載し、救急隊員に事前に操作方法を習得してもらい、実際の救急活動の場面で傷病者の状態から無理がないと判断された場合に、マイナ保険証を使って傷病者のマイナポータルにアクセスして医療情報を確認するという手順です。実施期間は2022年10月下旬～12月下旬。そして、総務省消防庁の『令和4年度 救急業務のあり方に関する検討会報告書』（令和5年3月）で実証実験の結果が報告されています。

さて、従来の救急活動と比較した結果はどうなったか？

やる前からわかるような話ですが、救急車が現場に到着してから出発するまでの時間が、マイナ保険証を利用したほうが6分26秒長くなっているのです。一刻を争う事態に呑気な話です。

図15は比較した結果を消防庁が報告書の中で図式化したものです。ご覧のとおり、到着してから傷病者に接触するまでを比較すると、2021年の実績の平均が1分10秒であったのに対して、実証実験では55秒と15秒も縮まっています。さらに到着から車内収容までを比較すると、2021年の実績の平均が7分15秒（1分10秒＋6分5秒）に対して、実証実験は6分43秒（55秒＋5分48秒）と32秒も縮まっています。救急活動において32秒も時間短縮できたのは、救急隊員の頑張りによる大きな成果です。

この大きな成果を台なしにしたのがマイナ保険証です。車内収容から現場出発

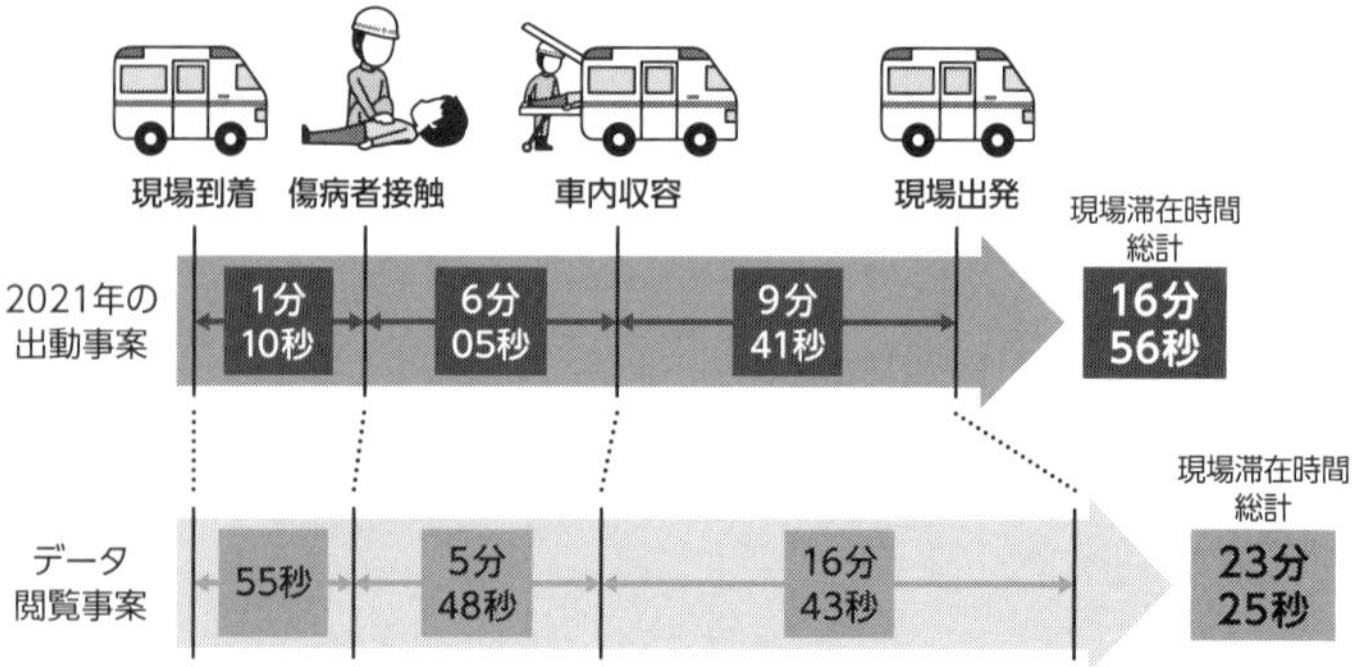

図15　救急車の現場到着から出発までの時間比較

出典：総務省消防庁の『令和４年度 救急業務のあり方に関する検討会報告書』（令和５年３月）

を比較すると9分41秒から16分43秒へと7分2秒もよけいに時間がかかっています。ひとえに、マイナ保険証で役に立たない医療情報を確認したりしているからです。これでは助かる命も助かりません。救急隊員の方は、流石に相手にしないでしょう。しかし、そんなもののために金銭的コストは生じます。

確定申告が便利になるというミスリード

先ほどから紹介している2024年2月16日から始まったCMでは、マイナ保険証のCMだけでなく、マイナンバーカードを使えば確定申告が便利になるというCMもありました。これまた姑息な方法でミスリードを誘っていますので、せっかくなので見ておきましょう。

CMではマイナンバーカードを使えば、確定申告が簡単にできるとアピールしています。しかし、多くの人はスマホをマイナンバーカードにかざして認証するのに手こずったり、電子署名の段階でパスワードを覚えていないためにつまずいたりということになるでしょう。そこでつまずくと役所に出向いてパスワードを再設定するか、あるいは、前述したアプリを使って顔認証失敗無限ループに陥るといったことになります。それよりも従来の方法で、e-Taxを使う方がよっぽど簡単な設計になっています。

e-Taxを使って確定申告するには、マイナンバーカードを使って個人認証をする方法と利用者識別番号とパスワードを使って個人認証する方法の2種類があります。このうち政府はマイナンバーカードを使った利用を勧めているのですが、利用者識別番号とパスワードを入力するだけでログインできる方法のほうがスムーズだということです。私もこの一連の問題に関心を持つ前は、マイナンバーカードを使わせることに深い意味があると思っていたのですが、特にありませんでした。

公平性のために述べておくと、利用者識別番号とパスワードを新規に取得する際には、Web上で手続きするか、税務署に出向いて手続きしなければなりません。マイナンバーカードが手元にあれば、その手間は省けます。しかし、e-Taxの操作はわかりにくいので、初めて使うときに税務署に操作方法を聞きに行く人が少なくありません。

私は比較的いろんなアプリを使い慣れているほうだと思っていますが、それでもe-Taxを最初に利用したときにはうまくできず、税務署に出向いて指導を仰ぎました。そして、申告を終えたときには利用者識別番号とパスワードが追加の手続きなく作られました。2回目以降はというと、マイナンバーカードを使ってログインもできるのですが、利用者識別番号とパスワードを使って簡単にログインできるのでそちらを選ぶようになりました。

何が言いたいかというと「マイナンバーカードで確定申告が簡単に」というお題目は事実上崩れてしまっており、より簡単な方法があるということです。健康保険証だと薬局で薬を処方される際に月一回ないしは初回来店時の提示だけでいいのに、マイナ保険証だと毎回カードリーダーにかざさなければならず面倒臭いというのと同じような話です。

話を戻して、このCMがさらに罪深いのは、必要な情報を「自動入力できる」とアピールしていることです。確かに、会社勤めの方（給与所得者）が確定申告で医療費控除を受ける場合なら、自動入力で済むかもしれません。マイナンバーに紐づいた給与や社会保険料が自動でe-Taxに持っていけると思います。しかし、個人で事業をしている多くの

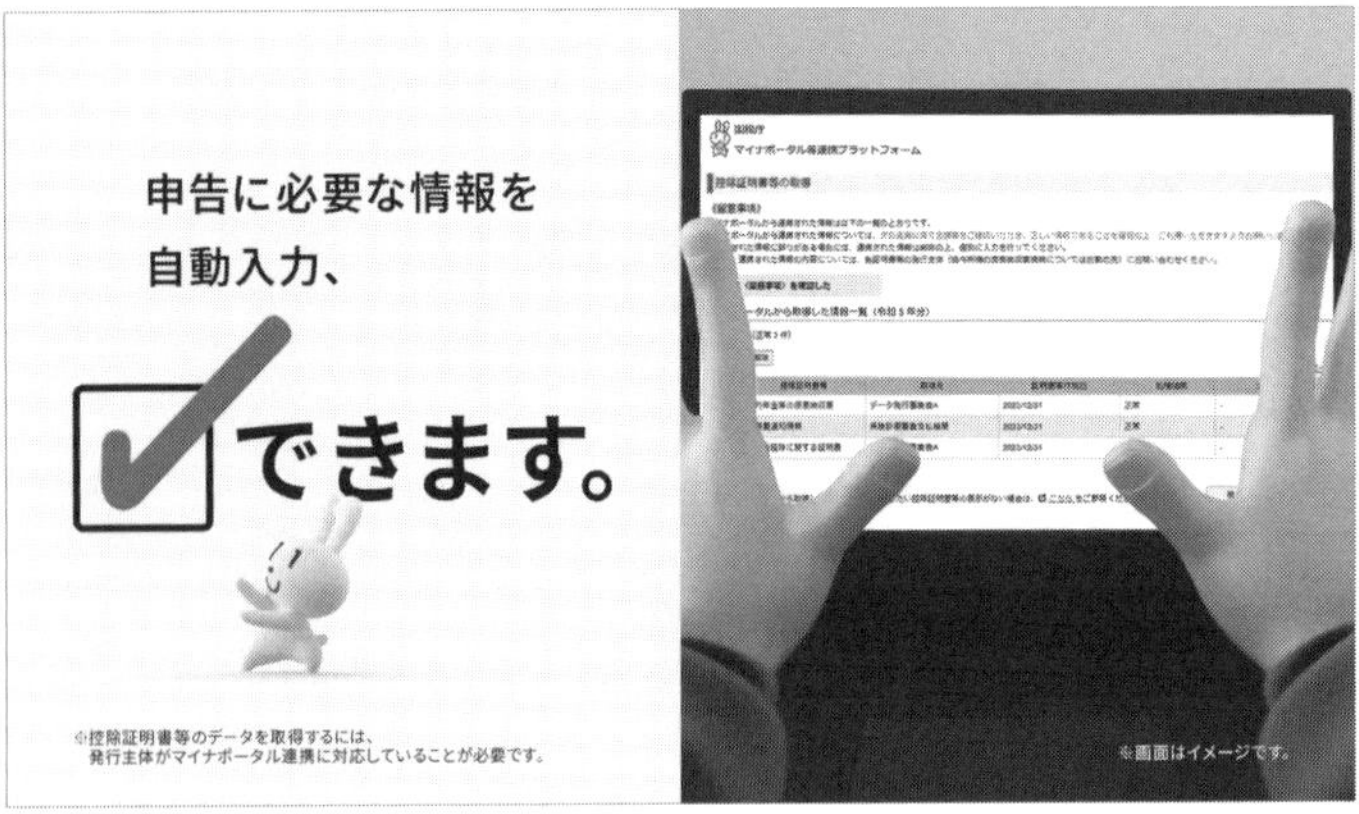

図16　CMでは「自動入力できる」とアピールするけれど……

確定申告者は自動では済みません。画面に向かって、必要なデータを手入力することが求められます。マイナンバーカードを使うメリットはまったく享受できないのです。

全確定申告者のうち、給与所得者の確定申告はごくわずかです。そのわずかな事例に焦点を当てて「自動で入力できる」とアピールするのは、完全にミスリードです。

このように「よりよい医療が受けられるようになる」や「確定申告が自動でできる」は、消費生活センターに苦情を持ち込めるレベルなのです。

第4章

社会的コストは減るのか？

減らない。
莫大なコストが、
さらに増える

システム開発と普及促進に湯水のように税金を投入

2023年にマイナ保険証のトラブルが続出していたころ、官僚サイドからよく言われたのが、「トラブルが多くても普及推進が必要である。なぜなら、マイナ保険証を活用すれば効率が上がり、大きなコスト削減効果があるから」という話です。このコスト削減うんぬんが詐欺的なので言及しておきたいと思います。

これは官僚サイドだけでなく、2023年8月4日の岸田首相の記者会見でも「健康保険証を廃止する理由は、従来の健康保険証を物理的な紙ないしカードで発行する必要がなくなるのでコストが削減でき、保険組合の事務作業も軽減できるからだ」という趣旨の発言がありました。しかし、結果として起きたのはコストダウンとは言いがたい状況です。

マイナンバーカードに保険証を登録することで、理論上は発行する紙ないしカードが減るはずですからコスト削減できないとおかしいはずです。実際、厚生労働省は、2023年の8月24日に開かれた社会保障審議会医療保険部会において保険証発行コストをマイナ保険証にすることで減らせた場合に年間で76億円～108億円程度のコスト削減ができると試算しています。

この試算はマイナ保険証の登録者が52％程度のまま推移する場合は最低値である76億円程度であるのに対して、利用者登録率が70％程度まで上がる場合に最大で108億円程度削減できるという内容です。これをもって、今はトラブルが続いているかもしれないが、この道を進むしかないという強弁に至っているのです。

さて、この試算には恐ろしいところが3つあります。

一つ目はマイナ保険証の利用率が1割にも満たない状態のままで推移した場合に社会的な費用が相当程度かかることです。

マイナ保険証の登録者と実際の利用率の差分に当たる人たちはマイナ保険証に登録しながら使ってないことになりますが、その数は数千万人になります。この人たちには資格確認書（保険証と同じもの）は届きませんが、おそらく届かなくても気づかない人が多く発生すると思われます。その人たちは、あるタイミングで保険料を払っているのに保険医療が受けられなくなるので、大騒ぎになる可能性が十分に考えられます。また、その騒ぎに対応しなければならない役所や保険組合、コールセンターなどは疲弊することにもなります。このときにかかる社会的コストは、可視化されないものも含めれば相当なものとなるでしょう。

二つ目はインフレを考慮していないということです。現状の試算である76億円～108億円のコスト削減は資格確認書や「資格情報のお知らせ」の発行コストも見込んで出した数字のようですが、たとえば郵便料金などの値上がりは考慮されていません。2023年段階では84円の想定で試算されていましたが、郵便料金は110円に値上がりすることが決まっています。この差分は数千万の人に郵送するとなった場合にはかなりのブレとなるでしょう。

三つ目は試算の中に入ってない巨大なコストがあるということです。たとえば、2023年の補正予算においてマイナ保険証推進費として887億円計上されていますが、こういったものはコストシミュレーションの際には除外されてきました。この広報費用を回収するだけでよく見積もって7～8年はかかってしまいます。

また、すでにマイナンバーカードの取得やマイナ保険証の登録推進でマイナポイント事業を行っていますが、1兆3779億円（2024年5月13日段階）の予算を執行しています。これも入っていません。

これらについては他の事業と重なる部分があり純粋なマイナ保険証のコストとはいえな

いため試算に入れないとの説明がなされていますがひどい話です。少なくともマイナ保険証に登録したら一人当たり7500円も配っていましたから、登録者の増加分はシミュレーションに入れないといけないでしょう。1000万人でも750億円となりますが、どのくらいポイント事業により増えたかの詳細な数字は出ていません。

しかし、マイナンバーカードの取得理由のダントツ一位が複数の調査で「ポイントがもらえるから」だったことや、マイナ保険証に登録している人が50%を超えているのに利用率が低迷している現状も鑑みれば、千万単位の人がマイナポイント目当てでマイナ保険証に登録していると推測できます。

他に金額が明らかになっていないものに、キティちゃんのキャラクターが刷り込まれたチラシが大量にまかれ、各地の商業施設ではマイナンバーカードを作れる出張所が開設されました。各自治体も国を挙げて普及促進に取り組み、全国の役所で担当したスタッフも膨大な人員になります。

もちろん、システムの開発・運用費も莫大です。開発費は不明ですが、2022年11月14日の朝日新聞デジタルの記事によると、マイナンバーカード管理システム運用の関連費用で2021年度に113億円、2022年度には290億円かかっています。

マイナンバーのシステム開発費も含めると、菅首相が当時の国会答弁で開発費が8800億円だと答弁しているので、現時点では1兆円を超えていると推測できます。保険組合の側にもシステム改修費用がかかっているのですが、こちらはコストに入っていません。

これほどの投資を回収するにはいったい何十年かかるかわからないほどです。そうだからこそ、莫大なコストをかけながらゼロでシミュレーションを組むという恐ろしい試算を出してきているのでしょう。

莫大な税金を使いながら、無意味な業務が増加

結局、2024年に入ってからはというと、通常国会などでマイナ保険証の問題を指摘されると、「これ1枚で便利になる」「これ1枚で便利になる」と、壊れたテープレコーダー

のように繰り返す状況に落ち着くようになりました。

一時期よく言っていた「コストが削減できる」というセリフが、いつの間にか立ち消えになりました。金銭的コスト以外も含めて社会的コストが莫大であることが誰の目にも明らかになったからなのでしょう。

なお、マイナ保険証の利用率が想像以上に上がった場合には金銭的コストの削減が多少増えたとしても、それと引き換えに社会的コストは今とは比較にならないほど増えていくことは留意しておく必要があります。

まず、医療現場のコスト負担でいえば、資格確認のパターンが増えて複雑になることで窓口対応に苦労するシーンが増えるでしょう。マイナ保険証で資格確認する際にエラーが出ることもあるでしょうし、要配慮者の方で資格確認書を忘れたため、資格確認に手間取ることもあるでしょう。スマホでマイナポータルのPDFを出そうと、もたつく方もいるでしょうし、そもそも何を持ってくればいいかわからない高齢者に説明しなければならない場面もあるでしょう。マイナ保険証担当スタッフという職業が世に生み出される可能性も否定できません。

実際、保団連の調査でも「スタッフを増やして対応せざるを得ないと思う」と回答している医療機関が18％あります（p.44 図6）。すでに総合病院では政府からの圧力も手伝ってマイナ保険証専用レーンを設けて、ただでさえ人手不足の医療現場に専用の人材を配置させられています。もはやマイナ保険証は医療現場に迷惑を与える存在にすぎません。

事業が破綻する保険組合が続出する恐れ

医療機関に続いて、従来、健康保険証を交付していた各保険組合も、多くのコスト負担を強いられます。

これまでも各保険組合は、被保険者が転職して会社が変わったり、結婚して氏名が変わったりした際には、その変更に応じていくつかの対応はありました。しかし今後、取り扱わなければならない書類の種類や交付頻度が大幅に増加します。

真っ先に思いつくのが「資格情報のお知らせ」です。これは先ほど述べたように保険者情報が書かれている紙で、マイナ保険証の顔認証付きカードリーダーに対応していない医療機関があることから生まれたものです。

この「資格情報のお知らせ」の恐ろしさはいくつもあるのですが、なかでもマイナ保険証登録者全員に交付しなければならないため、送る人と送らない人の分類が膨大に発生するというところが非常に大きいでしょう。一家族の中でマイナ保険証の人とそうでない人を分け、さらにそうでない人の中に資格確認書とマイナ保険証を両方使う人がいないかの確認をするなど考えるだけで頭が痛くなるような業務に追われることになります。

2024年の秋には84円から110円へ郵便料金の値上げが発表されていて財政的にも苦しくなるなかで、無駄な仕事が増え続けるという状況は保険組合の破綻を増やす引き金にもなりかねません。他にも、マイナ保険証をもたない人から資格確認書の更新申請があれば、交付しなければなりません。

こういった各種書類の交付業務のコスト増に加えて、日常的には、負担割合の間違いがあった場合の返戻《へんれい》業務にも追われることになるでしょう。保団連の調査でも、オンライン資格確認のトラブルが原因の返戻が14・2%の医療機関であったと答えています（次ページ 図17）。医療機関側も大変ですが、保険組合はそれが集中しますので、もっと大変なことになります。

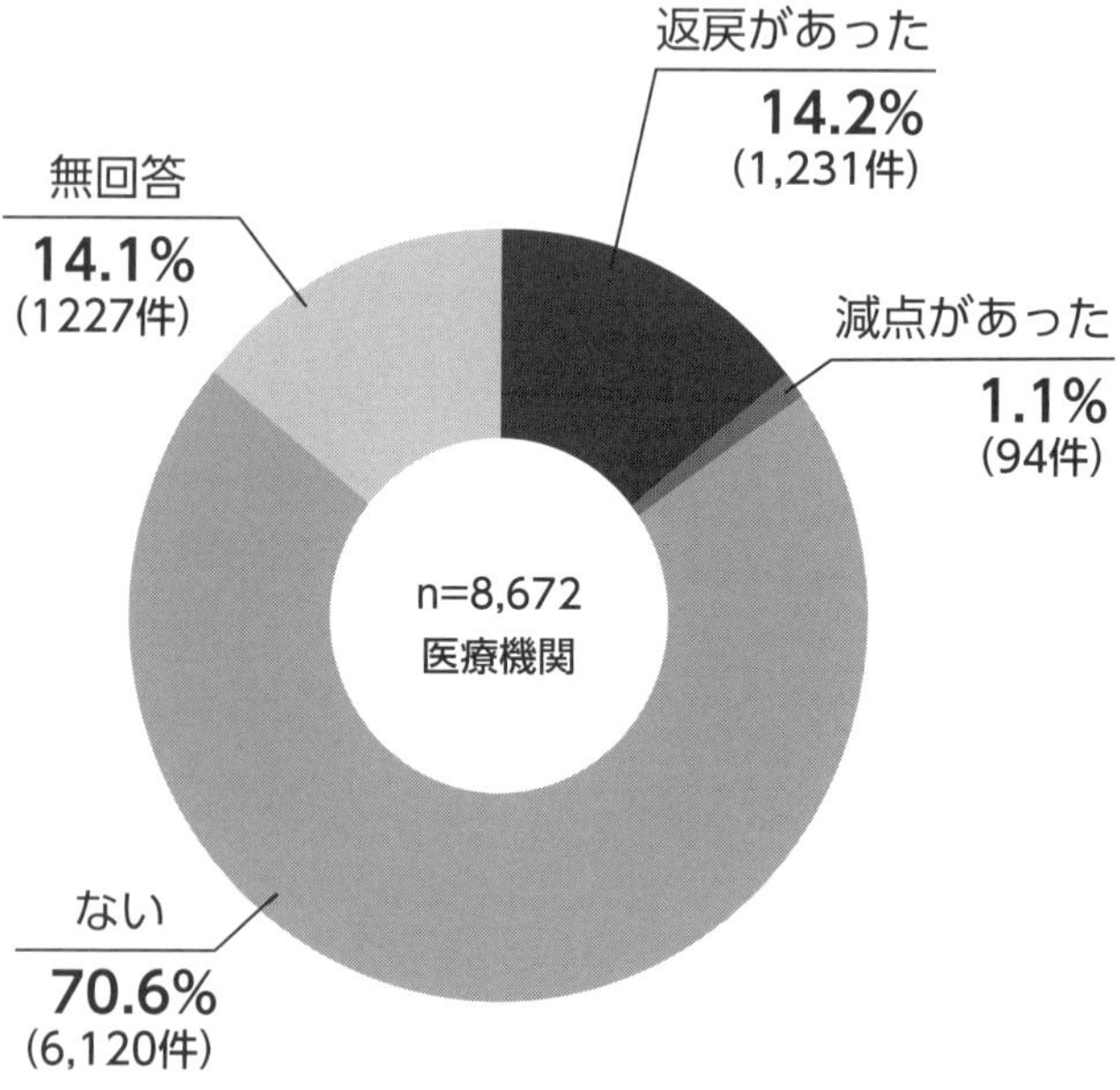

図17　保険者から返戻はあったか？

出典：全国保険医団体連合会
「2023年10月1日以降のマイナ保険証トラブル調査」
(2024年1月31日)

これだけよけいな事務負担が増えると、人員を増やさなければならず、人件費が保険組合の経営を圧迫することになります。それにより、事業が破綻して解散に追い込まれる保険組合が出ることが懸念されます。

マイナ保険証に続きコスト増を生むガバメントクラウド

無駄なコストを生んでいる巨大システムは、マイナ保険証だけでなく他にもあります。デジタル庁は、データや業務を標準化して一つのシステムで管理運営しようという発想が非常に好きなのですが、現在それを地方自治体の領域でやろうとしています。ガバメントクラウドと呼ばれるものです。地方自治体がそれぞれ個別に開発してきた基幹システムを一つの巨大システムに統合することでコスト削減ができるという触れ込みですが、このガバメントクラウドが今、無駄なコストを各地で発生させているのです。

ガバメントクラウドの仕組みは、デジタル庁が大手クラウドサービスであるAmazon Web Services（AWS）、Google Cloud、Microsoft Azure、Oracle Cloud Infrastructure（OCI）、さくらのクラウドの5社と契約を結んだうえで、クラウド上に標準化した各種行政システムを構築し、自治体がデジタル庁と契約してその標準システムを利用するというものです。

デジタル庁は、自治体独自のシステムからガバメントクラウドに移行することで、保守運用費などを2018年度比で3割削減できるという目標を示し、8つの地域に先行導入しました。神戸市、せとうち3市（岡山県倉敷市・松山市・高松市）、盛岡市、千葉県佐倉市、愛媛県宇和島市、長野県須坂市、埼玉県美里町・川島町、京都府笠置町です。ところが、神戸市と盛岡市以外の地域ではコストが減るどころか、増加するという検証結果が出ました。

特に、複数の団体でデータセンターを共同利用してインフラや運用費を分担していた宇和島市と須坂市、あるいは、すでに既存の自治体クラウドを利用して運用費を抑えていたせとうち3市、美里町・川島町、京都府笠置町では、運用費は数倍に跳ね上がることが判明しています。

デジタル庁は、2025年度末までに全自治体がガバメントクラウドに移行することを目標にしていますが、2024年3月5日には、デジタル庁自身が約1割に当たる171団体の702システムが目標どおりの移行が困難だとの調査結果を発表しています。実際に業務を請け負うITベンダーにしてみれば、2025年度に移行が集中するため仕事をさばききれず、移行の困難なシステムは1割で済まないだろうとの声も上がっています。

このようにガバメントクラウドもマイナ保険証と同じ道を歩むことが目に見えています。前述したとおり、デジタル庁は「Visit Japan Webサービス」や「オリパラアプリ」、新型コロナウイルス接触確認アプリ「COCOA」をことごとく失敗していますが（p. 86）、これらのアプリはガバメントクラウドに比べて規模が小さく、被害も比較的には少なくて済みました。しかし、マイナ保険証もガバメントクラウドも巨大システムであるだけに、このままでは私たちの暮らしや社会に大損害を与えることになるでしょう。

第5章

不正利用は減るのか？

取るに足らなかった不正が深刻になる

マイナ保険証の普及を虎視眈々とねらう犯罪集団

２０２４年3月10日付の読売新聞オンラインの記事で、マイナンバーカードを使った詐欺にひっかかり70代の女性が約１４００万円をだまし取られる事件が報道されました。ついに大きな詐欺事件が発生しました。莫大にお金をかけた仕組みなのに、詐欺師にラクラクと乗り越えられてしまいました。これはたまたま起こった事件ではなく、マイナンバーカードの仕組み自体に根本的な問題があるので、今後類似の事件は続出するものと思われます。そのことはあとで述べるとして、どのような詐欺事件だったか読売新聞の記事をそのまま引用しましょう。

発表によると、女性の自宅に1月中旬、「総合通信局」の職員や警察官を名乗る人物から「口座の情報が流出している」などと電話があった。女性はスマートフォンの機種変更を指示され、スマホのビデオ通話機能で自分の顔やマイナンバーカードを相手側に示した。

その後、相手は「あなたの口座が凍結される」などとして預金の移し替えを持ちかけ、振込先に女性名義のネットバンク口座を提示。女性は、口座が開設されたことを知らなかったが、不審に思わず2月28日、二つの金融機関の窓口から現金を振り込んだという。

窓口の職員も詐欺と気付かず、同署は「振込先が本人名義の口座のため、不審に思わなかった可能性が高い」としている。（2024年3月10日付読売新聞オンライン）

深刻なのは、他人の銀行口座を作ることができたという点です。詐欺集団は、言葉巧みにスマホでマイナンバーカードを撮影するように誘導したとされています。また、銀行は通常、高齢者が大金を振り込む際に注意を払いますが、記事にあるとおり、振込先が本人名義の口座だったので詐欺を疑わなかったのでしょう。とにかく、他人の銀行口座を作れるという不備は致命的です。

マイナンバーカードの偽造による犯罪をもう一つ挙げておきましょう。大きな話題になったのでご存じの方も多いと思いますが、偽造カードによるスマホ乗っ取りです。

被害者の一人である大阪府八尾市の市議会議員、松田憲幸さんによると、2024年4

月30日午後3時ごろ、携帯電話の電波が切れて使えなくなったため、午後6時半に近くの携帯電話ショップに出向いたところ、機種変更されていることが判明。まったく心当たりがなかったため調べてもらうと、名古屋市内の別店舗で同日午後3時ごろ、何者かが松田さんになりすまし、偽造したマイナンバーカードを身分証明に使って機種変更していたことがわかりました。すぐに携帯電話の使用を一時停止してもらいましたが、翌5月1日までにショッピングサイトで225万円の高級時計ロレックスが購入され、東京都内で受け取られており、ローンでの分割払いも組まれていました。また、スマートフォン決済のPayPayでは複数回、支払いが行われていました。携帯会社のソフトバンクやローン審査を承認した信販会社などに連絡し、その後、各社から理解を得られ、松田氏の金銭的な被害はほぼゼロとなったようですが、一歩間違えれば多額の被害が発生していました。

同じような手口で東京都議も被害にあっており、政治家は自宅住所や生年月日などをホームページに公開しているため、偽造マイナンバーカードの作成に悪用されやすいとみられます。ということは、自宅住所や生年月日などから容易に偽造カードが作れるということです。

こうした犯罪はこれからまだ増加する恐れがあります。

以前は、マイナ保険証を推進する人たちは、健康保険証を廃止してマイナ保険証に一本化する理由を、健康保険証の不正利用をなくすためだと盛んに喧伝していました。マイナ保険証に反対する私にも、そういった言説が何度も届いていました。しかし、最近はめっきり減りました。「不正利用」を話題にすると、かえってマイナ保険証の推進に逆効果であることに気づいたのではないかと思います。実際、前述した二つの不正利用のほうが金銭的被害も甚大で、健康保険証を他人が利用するのとは訳が違いますからね。

もちろん食い下がる人もいるでしょう。ＩＣチップでちゃんと読み込んでいれば、携帯電話の乗っ取りは防げたという意見がいい例かもしれません。河野大臣もそのように主張しています。

確かにそれで防げる面があることは否定しません。ただ、実運用上、大きい声で「ＩＣカードで読み取ってください！」と言えば終わりというわけにはいかないということも押さえておく必要があります。

一つには前述の銀行口座乗っ取りのように、それでもなお、より巧妙な手口が出てくるからです。しかし、それだけでもありません。河野大臣が6月8日に書いているブログがそのヒントです。

全文は紹介しませんが、偽造マイナンバーカードが話題になっていることを火消しする目的で、マイナンバーカードは他のあらゆる身分証よりも不正が少ないということを伝える趣旨のものになっています。以下はその抜粋です。

特殊詐欺に悪用された携帯電話回線を契約したときの本人確認書類のデータがあります。

令和5年中に特殊詐欺に悪用された携帯電話回線のうち、契約時の本人確認書類が把握されているものが619回線。そのうち運転免許証が使用されたものが534回線、さらにそのうち偽造の運転免許証が使用されたものが386回線でした。

本人確認書類としてマイナンバーカードが使われたものが23回線、そのうち偽造のマイナンバーカードが使われたものが1回線でした。

その他に在留カードが45回線、そのうち偽造在留カードが19回線。健康保険証が使われていたケースが13回線、そのうち偽造保険証が10回線。その他の本人確認書類が4回線で、そのうち偽造が3回線でした。

619回線の本人確認書類のうち、偽造されたものは419回線と全体の68%、3分の2のケースで偽造カードが使われています。

種別ごとに見ると、偽造の割合が最も高かったのが保険証で77%、次いで免許証が

72%、在留カードが42%、マイナンバーカードが4%でした。

マイナンバーカードの母数が少ないじゃんというツッコミや健康保険証のネガキャンに精力的なのはいったん脇に置いておきましょう。気になるのは運転免許証で不正契約が多いことです。

ご存知のとおり運転免許証はもう10年以上も前からICカードになっています。ICカードによる確認で不正が撲滅できるのであれば、運転免許証での不正契約はなくなっていないといけません。しかし、いっこうになくならない。これだけ普及しているICカードが機能しているとは言いがたい原因はどこにあるのか？　そのくらいはデジタル庁で最低限、分析したほうがいいのではないでしょうか。

河野大臣は運転免許証による不正が多いことを強調していますが、運転免許証がIC機能を持っていることを認識しているのか疑わしいものです。運転免許証のIC利用がこれまで高まってこなかった理由を踏まえなければ、マイナンバーカードにおける運用もつまずく可能性があるのですからね。

参考までにですが、運転免許証のICチップ読み取りによる本人確認がなかなか普及していない理由を少しだけ見ておきましょう。2022年6月20日付の日経新聞に「暗証番号、いま聞かれても ―― オンライン本人確認、免許証ICチップの壁」という記事があります。それによると、運転免許証による確認が普及しにくい理由の一つに、運転免許証のICチップで確認しようにも、パスワードを失念している人が多いという警察庁のコメントが載っていました。

仮にこれが一つの大きな理由だとすると、マイナンバーカードによる運用を行う場合にも現場の混乱が想定されます。なぜなら、のちに別の話題で触れますが、マイナンバーカードにはパスワードが4種類あるからです。そして5回間違えるとロックがかかり、役所に行かないと解除できなくなります。運転免許証よりもさらにハードルが高い設計になっています。

現状でこのあたりの手当がされているように見えませんが、IC確認の義務化だけ決めて、現場で混乱が起きても現場が悪いというマイナ保険証と同じ経過をたどるような気がしてなりません。

あとIC確認を義務化する場合のそもそもの問題について一つ言及しておかなければなりません。マイナンバーカードは任意取得であるという前提が崩れるということです。

もちろん現在、政府はＩＣ確認の義務化にあたりマイナンバーカードに限らず、運転免許証（や在留カード）のＩＣ読み込みでもかまわないことは匂わせています。それぞれ開発するのにまた金がかかることが予想できるところにも注文はつけたいものの、それは瑣末な話です。

それ以上に重要なことは一定の人はマイナンバーカードを持たなければ携帯電話を契約できないといった状況を引き起こすところに問題があります。たとえば、運転免許証を取れない年齢の学生や運転免許証を不要とする人や返納した人が携帯電話を契約する場合に、マイナンバーカードを取得する以外の道がありません。

マイナンバーカードの取得を回避しようとすれば、わざわざ20万～40万円程度支払って運転免許証を取るしかなくなるのです。これは健康保険証廃止のやり方と似た姑息なやり方です。

「ＩＣ以外にやり方がないんだ。犯罪を助長したいのかお前は。批判ばかりするな」という声が聞こえてきそうですが、任意でしかないものを実体上強制することがまかり通る前例を作ることになれば、同じようなことをどんどんやる道を開いてしまいます。

今回ＩＣチップ義務化の動きが出たきっかけは、個人情報を公開していた地方議員のスマホ契約の変更が、遠く離れた携帯代理店でスマホを失くしたと申し出た者が偽造した身分証を提示することで突破されるという事案でした。

これについては、巷では目視を厳格にするかICを使うのかという議論にしかなっていません。しかしそれ以外にも方法があって、たとえば公共料金の領収証を一緒に提示するという方法があります。これは世界的にも使われているアプローチなのですが、偽造された身分証を持ち込むだけでは突破できない仕組みになっています。身分証に記載されている住所が、本人が受け取っている可能性が極めて高い郵便物の住所と一致していれば、本人であることがほぼ確実だからです。

それでも顔写真がないことによる不安が残ってしまいますが、さらにもう一段セキュリティの強度を上げるのであれば、QRコードの活用も選択肢の一つでしょう（すでに導入されている保険証もあります）。

なお、情報システム学会に偽造カード対策について直接、問い合わせたところ、公共料金の領収書を提示するのも一つの方法であると認めながらも、身元証明書をICカード化して専用機器でしか読み取れないようにする方法がよりスマートで現実的な方法ではないかとの見解でした。同学会は、身元証明書をICカード化することを提言しつつ、そのICカードは保険証や運転免許証を統合しないことが大前提だとしています（暗証番号の設定については検討の余地ありとのこと）。

いずれにしても、政府には現在のマイナンバーカードを実体上強制にするという方法以外の方法をもう少し考えていただきたいと切に願います。

ほとんど問題にならない健康保険証の不正利用

話がそれたので健康保険証の話に戻りましょう。

そもそもの話になりますが、従来の健康保険証の不正は、まったくないとは言いませんが、取るに足らない程度だったため、問題視されていませんでした。ですので、最初から健康保険証の不正利用をなくすことを、マイナ保険証一本化の目的にすることは見当外れだったのです。それは日本の国民皆保険制度が極めて優れた制度であることの裏返しでもあります。

ご存じの方も多いと思いますが、日本に住所がある人は、外国人を含めて公的な社会保険（保険組合や協会けんぽが運営する健康保険、もしくは、市区町村が運営する国民健康保険）への加入が義務づけられています。それによって誰もが、いつでもどこでも安価な医療を受けることができます。

よく言われる話ですが、アメリカでは盲腸の手術を受けると何百万円もの手術代がかかります。そのリスクを回避するには、高額の民間保険に加入する必要があります。いずれにしても、裕福でなければ盲腸の手術も受けられません。それと比べると、日本の国民皆保険制度は非常にすぐれた制度です。

何が言いたいかというと、「誰もが」安価な医療を受けられるということは、健康保険証が本人のものである場合はもちろん、他人の健康保険証を不正に利用した場合であっても、制度上はその不正者はもともと安価な医療を受けられるというわけです。不正であろうがなかろうが、国民皆保険制度上は関係ありません。極端にいうと「不正」という概念がないといってもいいでしょう。

もっとも、他人の健康保険証を不正利用するぐらいですので、その不正者は保険料の未納によって被保険者資格を失っているのかもしれません。ではいったい未納者の中に「支払い能力があるのに支払いを逃れている人」はどの程度いるのでしょうか？

日本の国民皆保険制度において、保険料の未納は徹底的に追及され、正当な理由なしに未払いのままでいると強制的に財産が差し押さえられます。保険料と税金の未納は、国家権力がどこまでも追いかけてきます。したがって、大勢の未納者がのうのうと暮らしているような国ではないのです。

ところで今、それに絡んで別の問題も起きています。企業の社会保険料支払い遅延に対して強権的に差押えが実行されているため、倒産事例が多数出ているのです。猶予期間が4年あるものの、それにしても対応が厳しすぎると国会でも問題になっていました。

つまり、未納である場合のほとんどは保険料を払うだけの所得もなく、差し押さえる財産もない人と考えた方が自然です。この人たちは、生活保護の対象とすべき人たちともいえますから、本来の医療費は無料にならないといけない人です。むしろ本来無料になるべき人が他人の保険証を使用して3割負担しているケースもあるのではないかと思います。このあたりの実態を調査するのは困難であるため、あくまで推測の域は出ないでしょう。

ですから私としては控えめな結論にならざるを得ませんが、支払い能力があるのにタダ乗りしている人が横行しているというような大きな問題は考えにくいということですね。

参考までにですが、東京新聞によると、2023年3月から5月にかけて、健康保険証の不正利用に関して、国会で次のようなやり取りがありました。

そのまま引用すると……

3月17日、参院の厚労委員会で厚労省の担当者は、「なりすまし被害はどれくらい起きているのか」という野党議員の質問に「手元に具体的な資料がない」と答弁。さらに5月12日の参院地方創生デジタル特別委員会では、「大変恐縮でございます。今、お答えする数字を持ってございません」と答えた。

厚労省がやっと具体的な数字を挙げたのは5月19日。参院地方創生デジタル特別委員会で「市町村国民健康保険（国保）では2017年から22年までの5年間で50件のなりすまし受診や健康保険証券面の偽造などの不正利用が確認されている」と明かした。ただ、数千万人規模の加入者がいる国保で、1年あたり10件が「それなりの被害」と言えるのか。（2023年8月5日付東京新聞Web）

なんと！　不正は5年で50件、1年間でわずか10件！

数千万人規模の加入者がいる国民健康保険について、たった年10件程度しかないのです。仮に暗数が10倍、１００倍あるとしても何千億円、何兆円と税金を投下して今の仕組みを変えることを正当化できるかといえば、かなり無理があるといえそうです。

「それでも不正はよくない。完全にゼロにするべきだ」

そう考える人がどうしても出てくるかもしれません。経済合理性が頭にない人は、たった年間10件に過ぎないという話も耳に入ってこないでしょう。悪はすべて駆逐せねばならないと。しかし、世の中にタダはありません。そのなかで現実的な着地点を見つけていくしかないのです。

たとえば、スピード違反を徹底的に取り締まるとしましょう。全国の主要道路の10キロメートルおきに取り締まりを行えば、スピード違反は確実に減るでしょう。しかし、そのために配備する警察官の人件費は莫大になり、交通渋滞も引き起こします。スピード違反を減らす必要があるとして、そこまで社会における利便性を下げてまでやる価値はあるかを考えてみてもらいたいと思います。

自分が街を歩くのが怖いという理由でボディーガードを何人も雇うか。ラーメン屋が食い逃げされないために高額な防犯システムを設置するか。そういったことを考えてみてもらうといいでしょう。何か悪さをする人がいるということを想定することも大事な一方で、他の検討項目も常にあります。そこに折り合いをつけなくてはなりません。

すでに、マイナ保険証の推進のために「DX推進加算」などを導入したこともあって医療費が引き上げられています。「健康保険証の不正によって我々の医療費負担が増える」と述べていた人もいましたが、「DX推進加算」によって医療費が引き上げられていることにも目を配るべきではないでしょうか。

厚生労働省やデジタル庁が答弁に窮した際にマイナ保険証のメリットとして不正利用の撲滅の話を出してくるのは、要するに他に訴求できるものがない、その程度のものだという自己紹介でもあるのです。

あまりに脆弱なマイナンバーカードのセキュリティ

「不正」という文脈でいうと、逆にマイナンバーカードの仕組み自体が、不正利用を深刻化する問題をはらんでいます。第1章で紹介した、一般社団法人 情報システム学会 マイナンバー制度研究会の『「マイナンバー制度の問題点と解決策」に関する提言』では、この点にも踏み込んでいますので、もう一度見ておきましょう。

同提言はまず、マイナ保険証のベースとなるマイナンバーカードの暗証番号が数字4ケタの組み合わせに過ぎないために非常に脆弱で、セキュリティ上の大きな問題だとしています。住所・氏名・4ケタの暗証番号のリストは、すでに多くの企業や組織から漏洩しており、裏社会で流通していることはIT業界の常識です。しかも、いまだに自分の生年月日を暗唱番号にしたり、マイナンバーカードを入れるケースに暗証番号を書いたメモを一緒に入れたりしている人も少なくありません。

マイナンバーカードはあらゆる個人情報が紐づいており、それで銀行口座も作れます。

保険証としての利用も始まり、運転免許証としても使えるようにしようとしています。したがって、超機密情報を常に携帯することになり、紛失や盗難が増えるはずです。それを数字4ケタの暗証番号だけで守るのは、あまりにもセキュリティが低すぎると、同提言で警告しています。たとえて言うなら、実印を常時携帯しているようなものです。

マイナンバーカードを取得した人はご存じだと思いますが、取得の際に、目的別に4種類の暗証番号の設定が求められます。詳細には触れませんが、4種類とは、①署名用電子証明書暗証番号（これは6～16ケタの英数字）、②利用者用電子証明書暗証番号（4ケタの数字）、③住民基本台帳用暗証番号（4ケタの数字）、④券面事項入力補助用暗証番号（4ケタの数字）です。このうち②が他人に漏れると、本人になりすましてアクセスできるようになります。先に脆弱性を指摘したのは、特にこの部分です。

おそらく多くの人は、どのように使い分けるかわからないと思います。また、現実的に4種類を覚えることは不可能です。これが実用性のある仕組みだと、デジタル庁は思っているのでしょうか。そのセンスを疑います。私自身どのパスワードを聞かれているのかわからずに混同してしまい、何度も間違えたことがあります。

実際、ほとんどの人は、②～④の3種類の4ケタの暗証番号を同じ番号に設定していますし、なんなら①の暗証番号も一番短い6ケタにして、最初の4ケタを②～④と同じにしている人も多いと思います。同じ番号にすることを推奨する自治体もあると聞きます。

こうして多くの人が、あたかも実印を常時持たされているかのように、大きなリスクの上で日常生活を送ることになるのです。


提言が次に指摘しているセキュリティ上の問題は、マイナンバーカードのカード面に、マイナンバーが記載されていることです。カードと一緒に配布されるカードケースに入れると、マイナンバー部分は隠れるようになっていますが、ＱＲコード部分は丸見えなので、スマホで読み取ればマイナンバーが判明します。

マイナンバーが始まったのは２０１５年ですが、当初は絶対に他人に見せてはならないと言われていました。企業が社員のマイナンバーを取り扱う際には、「特定個人情報の適正な取扱いに関するガイドライン」を遵守しなければなりません。当初は金庫で保管し、閲覧する部屋も決めて、そこから持ち出さないように指導されていました。それだけの徹底管理ができない中小企業は、マイナンバーの取り扱いを免除されていたほどです。

それが今では常時持ち歩いて、他人に頻繁に提示するマイナンバーカード上に記載されています。ＱＲコードも読み取ろうと思えば、容易に読み取れます。マイナンバーがどのくらい機密性の高いものであるか、多くの人はもうわからなくなっていると思います。

マイナンバーカードには、氏名、住所、生年月日、性別はもとより、年金や保険に関する情報、納税に関する情報などが紐づいています。マイナ保険証として使えるように登録している人は、診療履歴や投薬履歴も紐づいています。きわめて機密性の高い、いわば個人情報の塊のようなマイナンバーですが、導入から10年近くが経過し、取り扱いがユルユルになっていると言わざるを得ません。

もちろん、こういうセキュリティの問題を指摘されたこともあって、政府はマイナンバー自体が漏洩したところで悪用されることはないとの説明を繰り返しています。しかし、仮にそうだとすると、企業に厳密な管理運用を求めていることと整合しません。

提言が指摘している第三の問題点は、高齢者施設などで、利用者のマイナンバーカードと暗証番号を一括して預かる場合の危険性です。認知症の方はもちろん、施設を利用する高齢者は、自分でマイナンバーカードを管理するのが困難な方も少なくありません。そのような利用者のいる高齢者施設などでは、利用者の氏名とマイナンバーを一覧にした管理台帳を作り、それと一緒にマイナンバーカードを保管するようにしています。しかし、これでは暗証番号の意味がありません。

施設の職員が退職したり、あるいは、施設が閉鎖されたりするタイミングで、管理台帳が漏洩することは十分に考えられます。さらに、職員に悪意があれば、管理台帳をコピーして持ち出すことが可能ですし、マイナンバーカードと暗証番号を利用して、勝手に他人名義の銀行口座を開設したり、各種の行政手続きを行ったりすることも可能です。方法は異なりますが、この章の冒頭にも紹介したとおり、すでになりすましによる銀行口座の不正開設により、多額の被害が生じています。あるいは、マネーロンダリングに使われる恐れもあります。

このように、マイナンバーカードとマイナ保険証は、構造的なセキュリティの低さから犯罪の温床になる危険性をはらんでいるのです。

代替案は、マイナンバーカードを白紙に戻すこと

情報システム学会 マイナンバー制度研究会が、『「マイナンバー制度の問題点と解決策」

に関する提言』の最後に、問題解決に向けた対策をまとめてくれていますので、この章の締めくくりに簡単に紹介しておきましょう。現在のマイナンバーカードとマイナ保険証をはじめとするプロジェクトをほとんどゼロリセットするようなものですが、納得感のある説明になっています。

対策の一つ目は、マイナンバーカードには、カード面に顔写真と氏名、住所、年齢を載せるだけにし、そのほかの機密性の高い個人情報を紐づけず、したがって、暗証番号も設定せず、目の前にいる人が本人かどうかを確認するための身元を証明する機能だけをもったシンプルなカードにすることです。提言ではこれを「身元証明書カード」と名づけています。現行の運転免許証はこれに準じるものです。

運転免許証は多くの人が持っていますが、全員が持っているわけではありません。本人確認にはパスポートが使われることもありますが、2020年2月4日以降に申請したパスポートには住所が記載されていないために使えなくなりました。そもそもパスポートを持っていない人もいます。つまり、本人であることを証明できるものを持っていない人は少なからずいますので、全員共通の「身元証明書カード」を発行することに意味はあります。ただし、それには機密性の高い個人情報を紐づけないことが重要です。紐づけなければ、紛失したり、盗難にあったりしても、被害は軽微で済みますし、再発行も容易です。なお、提言では「身元証明書カード」と運転免許証を一体にしてはならないとも言っています。これについては第6章で取り上げます。

対策の二つ目は、マイナポータルのような一人ひとり独自のサイバー空間を持ち、IDと暗証番号でアクセスできる仕組みを構築することです。これは便利なデジタル社会を実現するには必須です。ただし、それを絶対に「身元証明書カード」と連動させないこと。

情報システム学会 マイナンバー制度研究会は、次のように言っています。

　カードを一体化しなくても、マイナンバーと保険証番号、運転免許証番号を使用すれば、DXの推進のためのシステム連携は実現可能である。カードの一体化と番号を使用した情報連携は、本来無関係である。今のマイナンバー制度は、カードと番号の話を無理矢理に一緒に設計してしまっていることによって、多くの問題を発生させてしまっている。

そもそも、IDと暗証番号を管理するために物理的なカードなど必要ありません。プラスチックのカードを配ることが「デジタル化」だと考えていること自体がナンセンスなのです。

わかりやすい例でいえば、社員証を考えてみてください。社員証には社員番号が振ってありますが、用途はオフィスに入るときのセキュリティーゲートでかざすだけといった極めて限定的な形でしか使われていません。しかしだからといって、社員番号がそれ以外に使い道がないのかといえば、給与情報や査定、社会保険番号、年金番号などと紐づけられ管理されています。この番号とカードの区分けがうまく整備できてないという当たり前のことをマイナンバー制度研究会は提言しています。

以上が、情報システム学会 マイナンバー制度研究会が提示する対策の一部です。要は、何でもかんでも1枚のカードに統合しようとした設計思想が間違っていたというわけです。提言ではこのほか、マイナンバー自体も再設定し直すなど、ここで紹介した2つの対策以外の対策も提言されていますが、それは割愛いたします。知りたい方は、『「マイナンバー制度の問題点と解決策」に関する提言』で検索すれば出てきますので、ダウンロードしてください。

第6章

日本のデジタル化は進んでいるのか?

進んでいるのは「デジタル化」に名を借りた社会の破壊

間違った「デジタル化」は、無意味な業務を生み出すだけ

ここまで見てきたとおり、マイナ保険証は莫大な税金を投入しながら、まったく役に立たないどころか、日本の医療に大混乱を招くものです。大金をかけて害悪をまき散らしているも同然です。本書で何度も指摘してきましたが、マイナ保険証のおかげで資格確認の手順が非常に複雑になり、医療機関や保険組合によけいな業務、しかも、何の価値も生まない業務が大量に発生しています。また、多発するトラブルの対応に追われて膨大な時間が浪費されています。

実は、こうした現象はマイナ保険証に限りません。間違った「デジタル化」を進めれば、何の価値も生まない無駄な業務が往々にして発生します。

仕事に携わっている本人すらまったく無意味だと自覚しており、やりがいもなく、不必要どころか有害でもある、そんな仕事のことを「ブルシット・ジョブ」といいます。アメリカの学者デヴィッド・グレーバーが提唱した言葉なのですが、マイナ保険証は「クソ

どうでもいい仕事」を生み続けているブルシット・ジョブ生成装置です。

ブルシット・ジョブは、医療機関や保険組合で発生しているだけでなく、マイナ保険証の推進側であるデジタル庁や厚生労働省の官僚の間にも発生しています。たとえば、第2章で紹介しましたが、厚生労働省はマイナ保険証の不備が発覚するたびに、それを埋め合わせるために、その場しのぎの対応を重ねてきた結果、資格確認の方法を9パターンにも増やしてしまいました。いったん白紙に戻すべきなのに、ほころびを取り繕うという業務に無駄な知恵を絞ってきました。そして、そのことを正当化するためにいくつものパワーポイントの資料を作成した形跡も確認でき、このようなものに長時間労働を行なっているのかと考えるとなんともいえない気持ちになります。

デヴィッド・グレーバーはブルシット・ジョブの典型的な現象の一つに「自分たちの存在意義を見失わないためにやたらと無意味なグラフや資料などを作成する」ということを述べてもいますが、これもデジタル庁や厚生労働省の官僚の仕事ぶりにピッタリ当てはまります。

たとえば、「マイナ保険証の利用率の推移」（p. 20 図1）のグラフも一見すると役に立つように見えるのですが、縦軸の目盛りを上限8％程度に設定していて、微々たる増加を大きく見せるという数字遊びが行われています。他にもこんなグラフ作って何が言いたいの？といった意味不明なグラフも大量生産されています。

図18をご覧ください。字が小さくてわかりにくいかもしれませんが、何を示したグラフかというと、マイナ保険証の利用率ごとの医療機関の割合を示したものです。医療機関全体を見たものと、病院、医科診療所、歯科診療所、薬局を個別に見たもの、合計5つの折れ線グラフです。

一番左端の医療機関全体で説明すると、利用率0〜0・99％の医療機関が36589件、利用率1〜2・99％の医療機関が34962件であることがわかります。折れ線グラフの左端ですね。そして、この2つのレベル（利用率0〜2・99％）の医療機関の占める割合が50・0％であることを示しています。ちなみに折れ線グラフの右端の利用率60％以上の医療機関が7152件であることがわかります。

で、わかってどうなるのか？

調べて何をするというのでしょうか？

使い物にならないものを押しつけるために圧力をかけるターゲットを決めるのでしょう

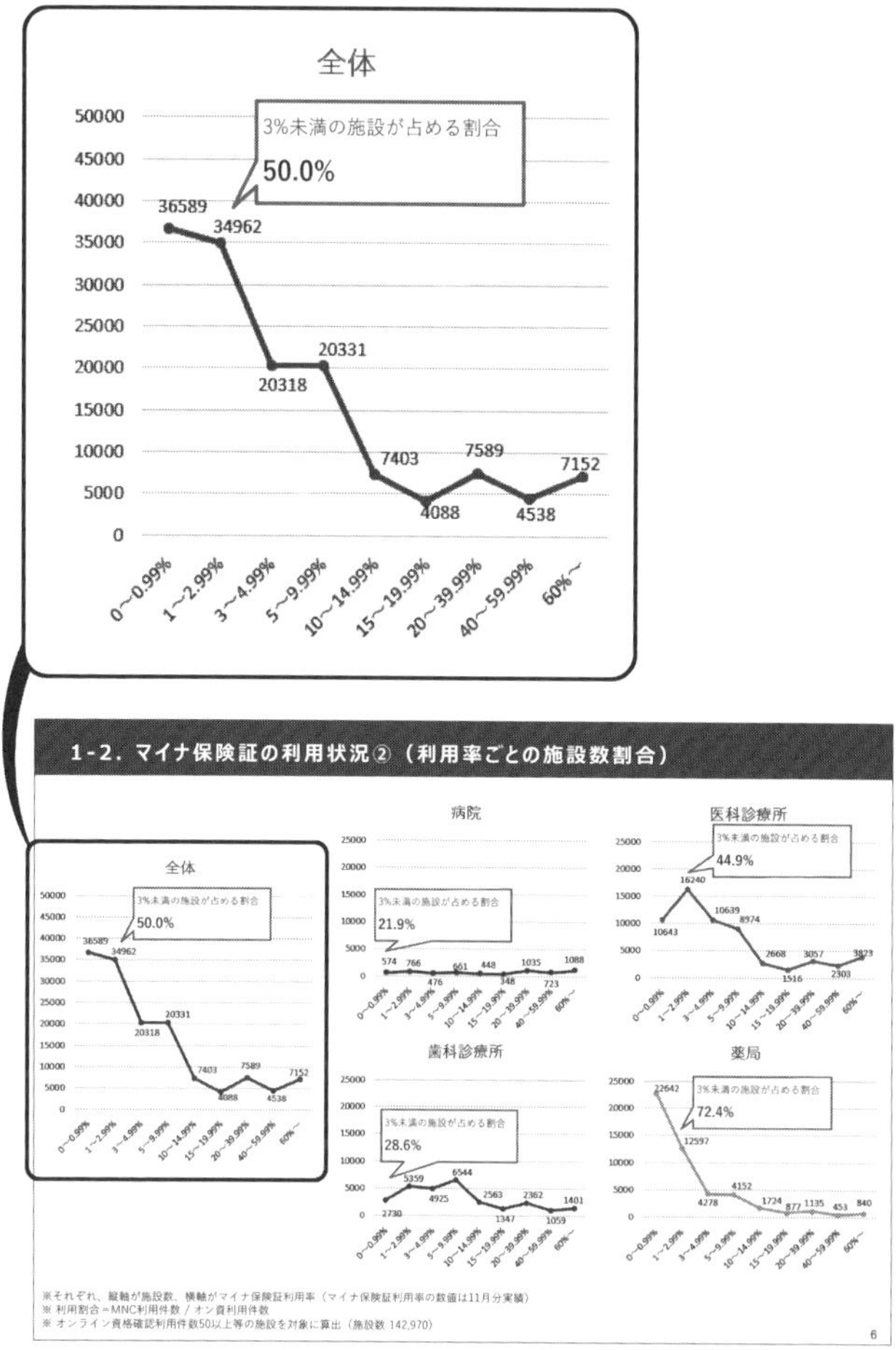

図18 「利用率ごとの施設数割合」のグラフ

出典：厚生労働省「マイナ保険証利用促進のための取組・支援策について」（令和6年2月）

か？

これを医療機関全体だけでなく、4つの施設ごとに個別にも調べてグラフを作成しているので、トータルけっこうな作業時間がかかっているはずです。何も生まない無駄な時間ですが。

マイナ保険証のことを調べていると、このようなわけのわからないグラフにけっこう出くわします。なぜ、こんな無駄なことが行われているかというと、おそらく、官僚の皆さんもマイナ保険証が有害であり、何をどうやっても改善できないことに気づいているのだと思います。しかし、それを認めてしまうと、自分たちの存在意義がなくなってしまう。自分たちのアイデンティティを確保するための、苦し紛れの仕事だといってもいいでしょう。

有名な話ですが、ナチスドイツの拷問に1日中穴を掘り続けさせるというものがあります。そして、翌日はその穴を埋めさせる。また、その翌日は再び穴を掘らせる。これを毎日、延々繰り返すと、ほとんどの人間は音を上げるか、発狂するか、自殺するそうです。それほど無意味な仕事というのは辛いものだということです。デジタル庁や厚生労働省の官僚の皆さんが気の毒になります。

そして、マイナ保険証自体の欠陥に真摯に向き合うことなく、医療機関に圧力をかけたり、補助金をばら撒いて使用を強要したり、テレビCMに莫大な予算を投下したりという悪循環にはまり続けるのです。

ブルシット・ジョブの典型をもう一つ紹介しましょう。

第3章で紹介した消防庁の調査結果をまとめた『令和4年度 救急業務のあり方に関する検討会報告書』では、マイナ保険証が迅速な救急活動を妨げていることが明らかになりました。この調査自体が無駄に思えますが、まあ、それは置いておきましょう。この報告書はこれで終わらず続きがあるのです。

総務省消防庁は、救急活動のじゃまになっているという結論で終わるのはマズイと思ったのでしょう。報告書の別のページで、マイナ保険証を使ったほうが速くなるというシミュレーションをしているのですが、その内容があきれるほどアホらしいのです。

このシミュレーションの前提となるシナリオは、「コンビニエンスストアに来店した80代男性の様子がおかしく、呼びかけに反応が鈍い」と店員から救急要請があったことに始まります。救急隊が現場に到着したときの状況は、店内の椅子に座っており、重度の難聴により意思の疎通は困難であったというものです。

そんな人がマイナ保険証を取得して携帯しているのかとツッコミたいところですが、まあ、そこはいいことにしましょう。報告書では、この想定のもとに、マイナ保険証を持っていない場合と持っている場合の2とおりのシミュレーションを紹介しています。

持っていない場合のシミュレーションでは、身元を確認するのに手間取ったため、救急車が現場に到着してから病院に向かって出発するまで、約1時間半かかると結論づけています。警察を呼んで、持ち物を捜査したところ所持品から氏名が判明。そこから身元照会を行い、家族に電話することができたが、しばらくつながらず、やっと連絡が取れて病院への搬送の許可を得られたのが1時間半後だったとのことです。

マイナンバーカードによるデジタル化が進んだ社会では、意識がもうろうとしている高齢者を1時間半もとどめておくようです。搬送先の病院も身元が確認できないと受け入れないという想定になっているのですが、実際のところはそれはあり得ません。ふつうの病院なら、目の前に死にそうな人がいれば、身元なんか関係なく、受け入れて治療するはずです。

それなのになぜかマイナ保険証を持っている場合は、円滑に身元確認ができ、病院も受け入れを承諾してくれたため、約30分で病院に向かうことができたことにして、マイナ保険証は便利だよねという結論になっています。

消防庁のこの報告書は、Ａ４で１４０ページほどの大作です。このような具合にマイナ保険証に合わせて社会を劣化させるようなシミュレーションに文字数もかなり費やされているのがブルシット・ジョブのいい例です。

その他にも最近はマイナ保険証の推進ということで、政府は医療機関や薬局にトークスクリプト（台本）を作成して配布するというようなことをやっていますが、これも同じようなものです。医療機関や薬局と患者との間の信頼関係を損なうような役割しか果たしていませんし、ひどいケースではマイナ保険証がなければ診療や処方が受けられないというようなデマを流す状況を生み出しています。

大混乱が予想される、マイナ保険証の2025年問題

さらにいうと、マイナ保険証はブルシット・ジョブを生むだけでなく、利便性の高い従来の国民皆保険制度を破壊するものです。日本の国民皆保険制度は1961年に始まった制度で、昭和、平成、令和をとおして、日本に暮らす人の健康を守り続けてきました。何度も申し上げてきましたが、健康保険証1枚で、日本に住所のある人なら原則として、いつでもどこでも安価に医療が受けられます。国際的にも高く評価されており、日本の宝といっていいでしょう。

この日本の宝をマイナ保険証が破壊しようとしています。

マイナ保険証はそれ自体の更新がなくてもマイナンバーカードの更新が必要ですので、その更新を忘れて、利用資格を失う人が出てくるでしょう。そして、被保険者でありながら資格確認ができず、10割の医療費を支払えないために、医療を受けられない人も出るでしょう。医療機関がトラブル対応に追われて、患者の待ち時間が長くなり、待ちきれずに

帰る人が出ることも予想されています。このようなことが続けば、多くの人を医療から遠ざけてしまいます。2024年6月には週刊新潮で報道されましたが、マイナ保険証で謎のエラーが出たため翌日に診察を持ち越したところ、深夜に病状が急変してお亡くなりになるというケースが実際にも出てきました。

生活保護のハードルが高いことも同じ理由ですが、身元確認をはじめ手続きが複雑になればなるほど、社会的弱者が行政サービスを利用しにくくなることは、残念ながらよく見られる現象です。

これについて近々起こる大きな問題をさらに申し上げると、「マイナ保険証の2025年問題」が迫ってきています。いったい何のことかを説明しましょう。

マイナンバーカードが普及する最初のきっかけとなったのは、新型コロナの感染拡大のもとで支給された1人10万円の特別定額給付金の支給です。郵送で手続きするよりもマイナンバーカードを使ったほうが早く支給されたため、これが普及のきっかけになりました。2020年は特別定額給付金の支給が決定した4月20日を節目にマイナンバーカードが一気に普及する年となりました。マイナンバーカードの電子証明書の有効期限は5年間ですので、2025年は2020年4月以降にマイナンバーカードを取得した大量の利用者の更新時期が集中します。

それだけではありません。2024年12月2日に廃止になる健康保険証は1年の猶予期間を経て、2025年12月2日以降は使えなくなります。それまで健康保険証で済ませていた人は、新たにマイナ保険証を取得する必要が生じます。

こうして2025年には、電子証明書を更新しなければならない人やマイナ保険証の申請者が大量に発生します。同時に間違いなく、更新を忘れたり、申請を忘れたりする人も大量に発生することでしょう。そのため、医療現場は被保険者資格の確認ができない人、被保険者資格のない人、あるいは10割負担を強いられる人などであふれ、大混乱に陥ることが予想されます。これが「マイナ保険証の2025年問題」といわれるものです。

2024年4月18日の参議院・厚生労働委員会で、この問題を取り上げた日本共産党の倉林明子議員の質問に対して、厚生労働省は更新手続きを忘れても3ヵ月間は期限切れのマイナ保険証で資格確認ができるようにシステム改修を行っていると答えています。またよけいな改修費用をかけているのです。

さらに答弁は続き、それでも更新手続きを忘れている人に対しては、申請がなくても資格確認書を送付してフォローすると答弁しています。ところが、これが現場の業務を把握せずに事を進めている証拠になっています。保険組合は行政機関ではありませんので、マイナ保険証の大元であるマイナンバーカードの電子証明書の有効期限を把握できません。期限が切れているかどうか、更新手続きを忘れているかどうかはつかみようがなく、資格確認書を送付しようがないのです。厚生労働省は対処すると言っていますが、このままでは医療現場や利用者の大混乱は避けられないでしょう。

同じ厚生労働委員会において、武見敬三厚生労働大臣は「混乱が起こらないようにしっかり対処し、すべての人が安心して確実に保険診療を受けていただけるよう環境整備に取り組んでまいります」「医療ＤＸを推進するために２０２４年12月２日の保険証廃止は予定どおり実施します」といった趣旨を念仏のように唱えていました。

マイナ保険証の比ではない、運転免許証一体化の破壊力

社会の破壊はこれだけで終わりません。次に控えているのが、運転免許証のマイナンバーカードへの統合です。もともとは現行の運転免許証自体を廃止する可能性も考えられましたが、幸い警察庁に一蹴されたことで健康保険証とは異なり統合自体は任意となっています。しかし、事業自体が壮大な無駄を生み出すだけのものになっています。順を追って説明しましょう。

まず、運用のパターンが国会答弁によれば3パターンに増えます。

1. マイナンバーカードを運転免許証として利用
2. 従来どおり運転免許証を利用
3. マイナンバーカード運転免許証＋従来どおりの運転免許証

この時点で管理コストが増えるのはいうまでもありません。前述の2025年問題の兼ね合いなども出てくるでしょう。ただ、それ以上に警察行政や運転免許証の利便性に大きな弊害を生じさせうるところを問題にしなければなりません。

何も知らずにマイナンバーカードを運転免許証として使おうとしたら、さまざまなトラブルに見舞われることになります。冷静に考えれば、容易に想像がつきますが、運転免許証の提示を求められたとき（つまり、マイナンバーカードの提示を求められたとき）、エラーになれば無免許を疑われることになります。マイナ保険証でも一定エラーが出ていますから、出ないと考える理由はありません。むしろ、マイナ保険証の場合のように固定回線が引かれている状況と異なり、電波環境が劣悪である可能性も高いため、リスクはより大きいでしょう。

警察官は運転免許のあることが確認できなければ、見逃すことはできませんので、「いや、エラーですけど、無免許ではありません」と言っても通用しません。そのまま警察署に連れていかれる恐れもあります。免許を持っていることが確認できて、無事無罪放免となったとしても、ドライバーも警察官も無駄な時間が取られます。

エラーの原因はそれ以外にもマイナンバーカードのＩＣチップが壊れている場合もある

でしょうし、パトカーに積んでいるカードリーダーが故障していることもあるでしょう。災害時には、ネットがダウンしていて確認できないこともあります。

問題はこれで済みません。マイナンバーカードを紛失したり、ＩＣチップが壊れたりすれば、マイナンバーカードを再交付してもらわなければなりませんが、再交付には現状1ヵ月ほどかかっています。デジタル庁は今後、最短で5日で再交付できるようにすると言っていますが、逆にいうと最短でも5日かかるということです。

再発行には半導体を搭載したＩＣチップの製造や電子証明書機能を搭載する工程もありますし、高度な個人情報を扱うことになればなるほど、内部的な承認手続きがどうしても増えてしまいます。クレジットカードやキャッシュカードが即日再交付できないものが多いのと同じです。河野大臣は、マイナンバーカードはセキュリティが堅牢だとアピールしていますが、堅牢にすればするほど再発行の時間は延びていきます。

ということは、最低でも5日間は車を運転できないわけです。運送業の人は仕事ができなくなり、マイカーで通勤している人にも大きな支障が出ます。

これはマイナ保険証も一緒で、やはり再交付に最短でも5日かかります。その間、保険証が使えません。現在の健康保険証や運転免許証なら即日再交付ができますから、明らかにマイナンバーカードはじゃまをしています。

このような事情から、実際のところはマイナンバーカードを免許証がわりに使う人などほぼゼロだと私は考えています。ただし、誰も使わないからセーフという話ではないことは述べておかなければなりません。

その理由は単純です。マイナンバーカードを免許証がわりに使う人が一人でもいるという想定で全国の警察行政は対応が求められます。たとえば、すべてのパトカーないしは全警察官がカードリーダーを携行しなければならないことになります。仮にそうなれば、ここでもまた莫大な税金が使われることになります。

おそらく、デジタル庁は当初、免許証を廃止してマイナンバーカードに統合しようという考えだったと思われます。そのことがうかがえる国会での答弁があります。2024年4月12日の国会で、立憲民主党の本庄さとし衆議院議員が、マイナンバーカードと運転免許証の一体化について、なぜ既存の運転免許証は廃止せず、併存させるのかと問いました。その理由を、松村国家公安委員長は「運転免許証を保有している人がマイナンバーカードを持っているとは限らないから、また、通信が切れた環境でも本人確認ができるから」といった趣旨の答弁をしています。

それなら、マイナ保険証も任意にすべきだろうと言いたくなりますが、厚生労働大臣はマイナ保険証の亡霊に取り憑かれているため、それは期待できそうにありません。いずれにせよ警察行政はマイナンバーカードとの一体化を骨抜きにしました。

この答弁を受けて、本庄議員は「（運転免許証を残すことは）賢明なご判断だと思います。ぜひ、デジタル大臣にも考え直すようアドバイスしてください」と返していますが、免許証のプロジェクト自体を早期にやめたほうがよいでしょう。システム開発費用もかからずいいことだらけです。

本書で何度も紹介した情報システム学会の『「マイナンバー制度の問題点と解決策」に関する提言』でも、マイナンバーカードと運転免許証との一体化の問題について、同じように警告を発しています。警告の一つに、嫌がらせで他人のマイナンバーカードを使用不可にできることも指摘していますので、それも紹介しておきましょう。

マイナンバーカードの暗証暗号は数回間違えるとロックがかかり、使えなくなります。したがって、他人のマイナンバーカードを自分のスマホにかざして、デタラメな番号を数回入力すると、そのマイナンバーカードは簡単に使用不可にできます。

そうなると、暗証番号を再設定するために役所に出向かなければならず、その間はマイナ保険証も運転免許証も使えません。提言では、マイナンバーカードを実際に運営した場合の視点が欠如していると、苦言を呈しています。

やらないほうがいいことを次々にやり始めた結果、社会不安や社会的混乱だけが予想されるというのが今やマイナンバーカードの本質といえるかもしれません。

もはやさまざまな利便性を飲み込むブラックホール

一連の混乱を見るにつけて、マイナンバーカードについてなぜここまで躍起になっているのかという疑問が湧いてくるでしょう。その理由として、財界やアメリカの圧力ではないか、自民党が献金をもらっているからではないか、国民を徹底監視する監視国家にしようとしているのではないかといった話をよく耳にします。しかしながら、運転免許証のケースを筆頭にして見ているとわかるのは、河野太郎およびデジタル庁が半ば善意で社会を引っ掻き回しているだけではないかというのが私の見解です。

健康保険証については医療関連情報を扱うので、それを悪用したいのではないかといった見方もできないわけではありません（私はそうは思わないのですが）。しかし、運転免許証のケースを見ていると、そういった受益者を想定することが難しく、純粋な善意のみで社会を引っ掻き回そうとしている可能性が高いと思わされます。

デジタル庁の「マイナンバーカードの普及・利用拡大」という資料の1ページ目の「今後の鍵となる取り組み」のところに、マイナンバーカードを使ったプロジェクトが列挙されています。そこに「マイナンバーカードと運転免許証との一体化」が掲げられています。しかも、「令和6年度末までに開始」と期限まで切っています（図19）。デジタル庁はやる気に満ちあふれています（結果的には警察行政によって骨抜きになりましたが）。

それはともかくこれによって何をしたかったのかを見る必要があります。

この資料には、運転免許証との一体化のメリットとして「運転免許証を持ち歩かなくてよくなる、住所変更届が不要になる等のメリットを実現する」と書かれています。これだけです。マイナ保険証の場合は、実態は伴っていないとはいえ、一応もう少しいくつか便益が書いていました。

しかし、マイナ運転免許証の場合は、住所変更届が不要になるというものだけです。私

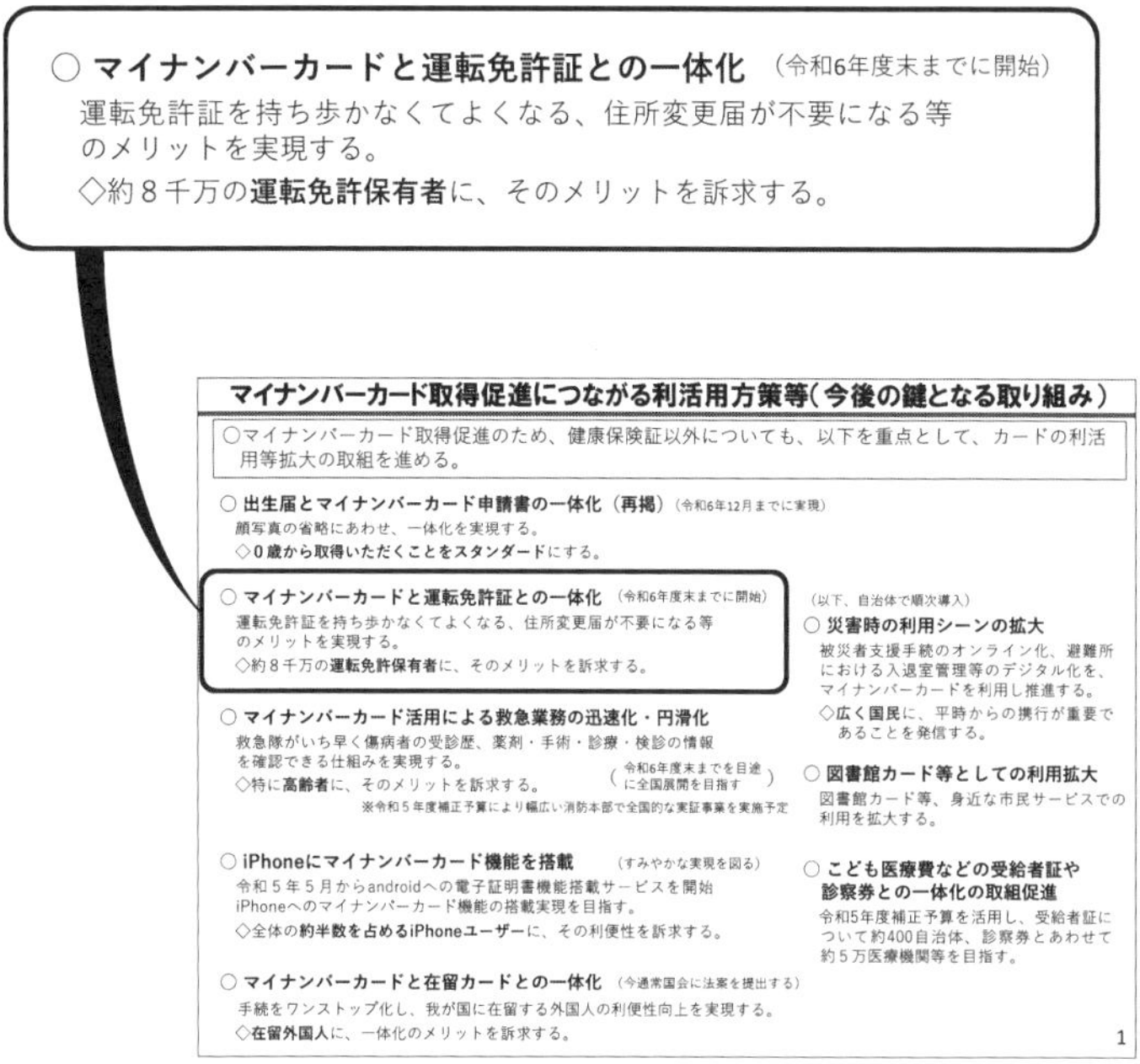
○ マイナンバーカードと運転免許証との一体化 （令和6年度末までに開始）
運転免許証を持ち歩かなくてよくなる、住所変更届が不要になる等
のメリットを実現する。
◇約８千万の運転免許保有者に、そのメリットを訴求する。
マイナンバーカード取得促進につながる利活用方策等（今後の鍵となる取り組み）
○マイナンバーカード取得促進のため、健康保険証以外についても、以下を重点として、カードの利活用等拡大の取組を進める。
○ 出生届とマイナンバーカード申請書の一体化（再掲）（令和6年12月までに実現）
顔写真の省略にあわせ、一体化を実現する。
◇０歳から取得いただくことをスタンダードにする。
○ マイナンバーカードと運転免許証との一体化 （令和6年度末までに開始）
運転免許証を持ち歩かなくてよくなる、住所変更届が不要になる等
のメリットを実現する。
◇約８千万の運転免許保有者に、そのメリットを訴求する。
○ マイナンバーカード活用による救急業務の迅速化・円滑化
救急隊がいち早く傷病者の受診歴、薬剤・手術・診療・検診の情報
を確認できる仕組みを実現する。
◇特に高齢者に、そのメリットを訴求する。
（令和6年度末までを目途に全国展開を目指す）
※令和５年度補正予算により幅広い消防本部で全国的な実証事業を実施予定
○ iPhoneにマイナンバーカード機能を搭載 （すみやかな実現を図る）
令和５年５月からandroidへの電子証明書機能搭載サービスを開始
iPhoneへのマイナンバーカード機能の搭載実現を目指す。
◇全体の約半数を占めるiPhoneユーザーに、その利便性を訴求する。
○ マイナンバーカードと在留カードとの一体化 （今通常国会に法案を提出する）
手続をワンストップ化し、我が国に在留する外国人の利便性向上を実現する。
◇在留外国人に、一体化のメリットを訴求する。
（以下、自治体で順次導入）
○ 災害時の利用シーンの拡大
被災者支援手続のオンライン化、避難所における入退室管理等のデジタル化を、マイナンバーカードを利用し推進する。
◇広く国民に、平時からの携行が重要であることを発信する。
○ 図書館カード等としての利用拡大
図書館カード等、身近な市民サービスでの利用を拡大する。
○ こども医療費などの受給者証や診察券との一体化の取組促進
令和5年度補正予算を活用し、受給者証について約400自治体、診察券とあわせて約５万医療機関等を目指す。

1

図19　デジタル庁「マイナンバーカードの普及・利用拡大」より抜粋

もいろいろと考えてみたのですが、これ以外に特段思いつきませんでした。役立たずの大規模なシステム開発や社会的混乱などのデメリットはいくらでも思いつくのですが。

マイナンバーカードと運転免許証との一体化によって利益を得られる者はいません。強いていえば開発をするITゼネコンくらいのものでしょうが、ITゼネコンに利益誘導をするなら、いっそ誰も使わないようなクソシステムを作った方が、社会不安や混乱も起こさずに済みます。そうせずに、わざわざ巨大な地雷を踏みにいくところに能力の低さを感じさせられます。

「カードを1枚にまとめることがデジタル化」という中央集権的支配信仰に取り憑かれていると推測されるのですが、まったく別のシステムを1ヵ所に集めるリスクやデメリットがこの資料を作る段階でまともに検討もされてないことが恐ろしいといえます。

デジタル庁はこのほかにも、外国人の在留カードや、地方自治体で取り扱っている母子保健、予防接種、こどもの医療補助など、なんでもかんでも一体化しようとしています。もはやマイナンバーカードはさまざまな利便性を飲み込んで消していくブラックホールのようなものと化しています。

現場の業務に根差さない「デジタル化」は失敗する

政府の進める「デジタル化」が、なぜ軒並み失敗するのか、今やその原因は明らかです。それは、ビジネスの流れや現場の業務プロセス、利用者の使い勝手などを調べもせずに、新しい情報システムやITツールさえ導入すれば効率化するという机上の妄想で「デジタル化」を進めているからです。第2章では、「利用者を起点に考え」てシステムを開発しないから失敗すると申し上げましたが、それも同じ意味です。また、とにかくさまざまなシステムのデータを一元化すれば効率化するという発想も失敗の原因です。システムのOSが異なったり、開発業者が違ったりすると、一元化は極めて難しいことは、これまでに申し上げてきたとおりです。

このことは我々も反面教師としなければなりません。デジタル化（DXと言ってもいいですが）に失敗している民間企業を見ても同じことがいえます。同業他社が進めているのを横目に見て、とにかく当社の営業社員にもタブレットを持たせましたでは、業績も営業利益も上がらないことは当たり前です。とにかくシステムを統合すれば効率的になるだろうという動きのなかで、トラブルだらけのシステムができあがるのもそうです。にもかかわらず、この手の何らかのアプリを作ったり、ＩＴツールを現場に放り投げたりすれば状況が好転するという悪辣なイデオロギーは後を絶ちません。

ビジネスの流れや現場の業務プロセス、利用者の使い勝手などを調べもせず、「利用者起点」でシステムを開発してないから、まったく便利にならないという当たり前のことが今回のマイナ関連のプロジェクトにおいては起きています。

Ｓｕｉｃａがよい例ですが、便利であれば普及します。数円安くなるというインセンティブはあるものの、それが普及要因になっているとは思えません。２０００ポイント付与して使われないどこぞのカードを見てもわかります。

今や金銭的インセンティブがなくても多くの人が利用することが証明できるほどに浸透しています。これは切符を買う手間、特に私鉄への乗り換えが増えるなかで切符を複数枚買う手間が省けるなどいくつもの便益が認識されているからでしょう。当然ＪＲ東日本側の思惑というのはあるわけですが、大前提として利便性を上げるためにＩＴを活用するという基本を踏み外していません。

DXに成功している企業というのは、まずビジネスの流れや現場の業務プロセスを徹底的に調べることから始めています。どのプロセスがネックになっているのか、どのようにプロセスを改善すればネックを解消できるのか、もっといえば、省略できるプロセスがないかなどを考え抜いています。そのうえで場合によっては、いったん紙ベースで新しい業務プロセスを運用し、成果が見込まれた後に必要な箇所をデジタル化するという手順を踏んでいます。

マイナ保険証をはじめ、本書でこれまで取り上げてきた政府系のアプリは、現場の業務や利用者の使い勝手に基づいて開発された気配がまったくありません。だから、資格確認のパターンが9つに増えたり、誰にも使われずにお蔵入りになったりするのです。

DX成功の条件は、デジタル化以前に考え抜かれた業務改革

実際に、適切な手順を踏んだであろう、DXの成功事例を二つ紹介しましょう。

一つ目が、ファミリーレストラン「サイゼリヤ」の無人レジです。無人レジは今ではさほど珍しくありませんが、2024年の4月あたりからサイゼリヤの無人レジを見かけるようになりました。

ただし、サイゼリヤのすごい点は単に機械の導入にとどまっていないところです。私は以前からサイゼリヤのかしこい経営に注目しており、たまに客としても近所のサイゼリヤを利用しています。料理が好きというより、店舗運営のオペレーションが非常に洗練されていて効率的なので、それを見学に行くという感じです。店舗ごとに微妙にオペレーションを変えながらABテストなども積極的に行なっているため、複数の店舗に行けばさまざまな発見があります。

先日ある店舗に行ったときには、無人レジのクールさに感動させられました。

この無人レジには「現金は使えますが、PayPayなどの電子マネーやクレジットカードによる決済は店員を呼んでください」といった紙が貼られていました。よくある無人レジだと、現金とキャッシュレスの両方に対応するか、キャッシュレスのみの対応というケースがほとんどですが、サイゼリヤの場合は「現金だけ無人レジ」があるのです。

興味深いのは利用者の流れです。様子を見ていると、店員を呼ぶのが面倒なのか、ほとんどの人が現金で払っていくのです。テーブルに出された伝票を見て、前もって必要な金額が用意できるので、さほどもたつきもありません。店員を呼ぶ客を見かけなかったので、おそらく誰も現金払いに不便を感じていないのだと思います。

サイゼリヤは料金体系自体にも仕掛けがあって、これは有名な話ですが、ほとんどのメニューに端数がありません。大体の会計が～00円か～50円になっています。

ここから先は私の推測ですが、この仕掛けの秀逸さはいくつも挙げられます。まず、レジを無人にすることでレジ業務に割く時間が減りますから、人件費を大幅に削減できます。でも、それだけなら現金専用にしなくてもいいはずです。わざわざ現金専用にしたのは、電子マネーやクレジットカードのような手数料がないので、利益率を向上できると考えたのではないでしょうか。

また、銀行に預け入れにいく手間はかかりますが、電子マネーやクレジットカードよりも資金繰りもよくなります。紙1枚貼って現金専用にした結果、人件費と手数料が削減できて利益率が上がり、資金繰りも好転するわけですから、これこそが大きな投資をせずに実現した真のDXです。

他店舗では電子マネーも無人で使えるものや店員がレジ業務を行うところもあるため、店舗ごとにいろいろとテストをしているのだろうと推測しています。最終的にどれが最適解なのかは外部からはわからない部分もありますが、安易にツールを使うことに逃げないという姿に感心させられるのです。

他にも定期的に新たな取り組みをしているため、興味がある人はときどき複数店舗に行ってみてもらうといいかもしれません。

もう一つすぐれたDX事例を紹介しましょう。

東京の都営地下鉄とデンソーウェーブ（自動車の電装部品を製造しているデンソーの子会社）が開発した、QRコードを使ったホームドアの開閉システムです。

ホームドアとは、人が線路に落下したり、通過する電車と接触したりするのを防止するために、線路に沿ってプラットホームに設置された仕切りのドアのことです。普段は閉まっていて、電車が停車して乗り降りするときだけ開く、あのドアです。

今では安全確保のために多くの駅に設置されていますが、ホームドアの開閉方法は従来、２種類ありました。一つが、車掌が手動で開閉する方法。もう一つが、車両側のドアの開閉に連動して自動で開閉する方法。手動で開閉する方法は安くつくのですが、電車の遅れの原因となり、また、ワンマン運転の電車には使えません。そのため、自動開閉のほうが普及しているのですが、電車の停止位置がずれるとセンサが機能しないため、必ずＡＴＯ（自動列車運転装置）やＴＡＳＣ（定位置停止装置）を設置して停車位置を正しくコントロールしなければなりません。また、２ドアの車両と３ドアの車両のどちらにも対応できるシステムにもしなければならず、それらのことから多額の投資が必要でした。


それを安価に済ませられないかと開発されたのが、ＱＲコードを使ったホームドアの開閉システムです。電車のドアにＱＲコードを貼り、プラットホーム側に設置したカメラが止まった電車のドアのＱＲコードを読み取ればホームドアが開く。いったん開いた電車のドアが閉まり、再びＱＲコードを読み取ればホームドアが閉じる。そのような仕組みです。

ＱＲコードを読み取れさえできればいいので、多少の停車位置のずれは問題なく、ＡＴＯやＴＡＳＣの設置は必要ありません。２０２３年10月21日の東京新聞をはじめとする報道では、車両の改装費だけでみても、コストは約20億円から約270万円へと減ったとあります。

最先端のITを使うでもなく、多額の投資を避けながら、QRコードという枯れた技術を活用するというアイデアで成功した、かしこいDXの事例です。

ご存じの方も多いと思いますが、QRコードは1994年にデンソーが開発した誇るべき日本発の技術です。従来の健康保険証にQRコードを貼っておけば、マイナ保険証がやろうとしていることはすべてできます。QRコードは紙に印刷できるので、半導体がなくなっても何の影響も受けません。私の見解としては、マイナ保険証の数々の問題を解決する代替案はマイナ保険証の廃止ですが、それでも本人確認を強化したいというのであれば、QRコードを使えばいいと言っておきます（実際にそれなりの数の保険証ですでに導入されています）。

おまけ／足を引っ張っているのは高齢者じゃない

マイナ保険証の反対論を展開していると、「高齢者はデジタル化のじゃまをするな～」というトンチンカンな反論が、明後日のほうから飛んでくることがあります。それに関しておもしろいグラフを見つけましたので、紹介しましょう（次ページ 図20）。

これは厚生労働省の発表している「マイナ保険証利用促進のための取組・支援策について」に載っているグラフですので、政府のお墨付きです。

結論からいうと、マイナ保険証に関していえば、デジタル化の足を引っ張っているのは高齢者ではありません。図20を見れば一目瞭然ですが、マイナ保険証の利用率は年齢が上がるにしたがって伸びています。ピークは65歳～69歳の約7％。若い世代から高齢に近づくにつれて利用率が上がっているのが明確に見て取れます。さすがに70歳を超えると利用率は低下していきますが、全体をとおして言えることは、足を引っ張っているのは逆に若年層だということです。

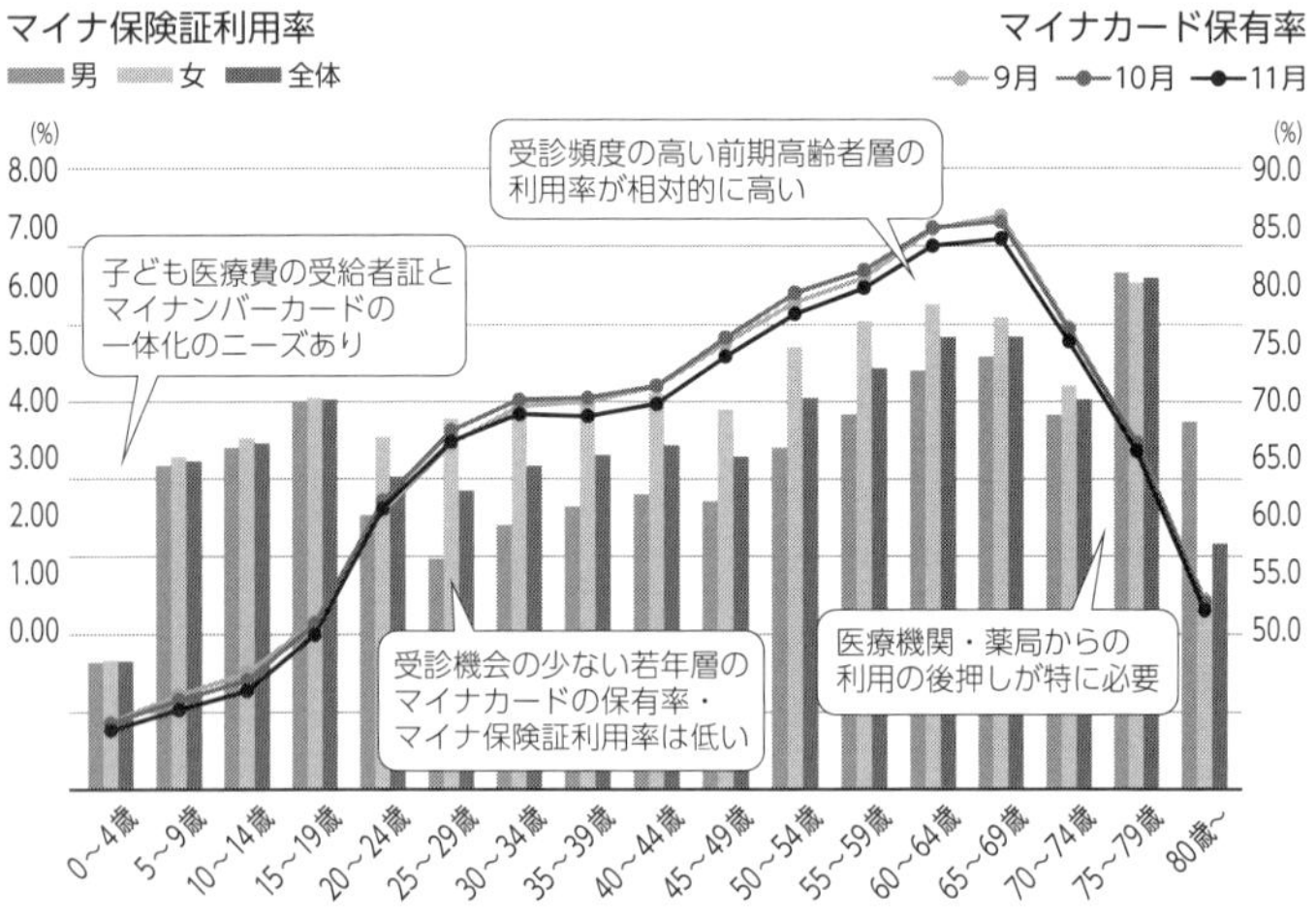

図20　マイナ保険証の年代別の利用率と保有率

出典：厚生労働省「マイナ保険証利用促進のための取組・支援策について」（2024年2月）

第7章

どうすれば、この暴挙を止められるのか？

まずは、選挙で自公の過半数割れが欠かせない

もともとの政府方針は健康保険証とマイナ保険証の併用

健康保険証の廃止とマイナ保険証のゴリ押しが、いかにバカバカしい政策であるか、また、いかに日本に暮らす人の生活と日本社会を破壊するものであるかが、おわかりいただけたかと思います。私は大きな危機感をいだいています。いまからでも何とか撤回させなければなりません。

即効性がある方法としては、選挙で現在の与党の議席を大幅に減らし内閣から追放するということでしょう。現在の与党である自民党と公明党が考えを改めるつもりがあるなら、もうとっくにしていると思いますので、そのことに期待するのはやめておくのが現実的です。もちろんそれ以外にもできることがあります。

第7章では締めくくりとして、私たちに何ができるかを考えていきたいと思いますが、その前に健康保険証の廃止が決められた「経緯」にも、日本の政治の機能不全がうかがえますので、先にそちらを紹介いたしましょう。

さかのぼること2年前の2022年6月、政府の骨太の方針の一つとして、健康保険証の廃止を「目指すこと」が閣議決定されました。閣議決定された文書の該当箇所を抜粋すれば次のようになっています。

「2024年度中を目途に保険者による保険証発行の選択制の導入を目指し、さらにオンライン資格確認の導入状況等を踏まえ、保険証の原則廃止を目指す」

ここでいう「保険証発行の選択制」とは、健康保険証とマイナ保険証のどちらを使ってもいいということです。また、「保険証の原則廃止を目指す」とあるとおり、あくまでも「目指す」ことが決まっただけです。しかも、目指すための前提として「オンライン資格確認の導入状況等を踏まえ」ることになっており、無条件で目指すわけではありません。さらに付け加えておきたいことは、本文の外の注記に「加入者から申請があれば保険証は交付される」と書かれています。

要は、健康保険証を廃止することは、具体的には何も決まっていなかったのです。当然といえば当然です。マイナ保険証のベースとなるマイナンバーカードを持つかどうかは、各自の任意となっていたのですから。

国会でもこの頃、野党議員が言質を取ろうとしたのだと思いますが、健康保険証の存続について繰り返し質問し、厚生労働省は「健康保険証は使い続けることができます」と何度も答弁していました。

それを何の前触れもなく根底からひっくり返したのが河野太郎です。

河野太郎が独断で決めた健康保険証の廃止

それは2022年10月13日のことでした。同年8月にデジタル担当大臣に就任した河野太郎は「記者会見」で突然、2024年秋に健康保険証を廃止すると発表したのです。閣議決定されたわけではなく、ましてや国会の議決によるものでもなく、初めて公にされたのがなんと「記者会見」の場でした。

このことはその後、国会や野党ヒアリングで追及されることになり、なぜそんなことになったのかが徐々に明らかになりました。事の次第は次のとおりです。

「記者会見」はあくまでも発表の場ですので、たとえば、閣議決定されたものが発表されるという手順になります。しかし、このときの「記者会見」は閣議決定どころか、どこにも議論された形跡は見当たりません。このことを追求された河野大臣は、関係閣僚で協議して決めて岸田文雄首相に報告したと答弁していますが、それを裏付ける議事録もありません。このレベルの意思決定を記録なしで決めるというのは前代未聞です。

10月13日の河野大臣の記者会見は10時から始まっているのですが、その直前に30分ほど、岸田首相、河野デジタル担当大臣、加藤勝信厚生労働大臣、寺田稔総務大臣の4人の会合があったことがわかっています。2024年秋に健康保険証を廃止することは、ほぼ間違いなくこの会合で決められたのだと思われます。そして、マイナ保険証推進に最も前のめりである河野大臣の一存で決められたものと推測されます。なにせ健康保険証の主管大臣である加藤厚労大臣をさしおいて、「記者会見」で健康保険証廃止の第一声を発したぐらいですから。

健康保険証は戦後日本の素晴らしい資産であり、それを廃止するとなれば、戦後政治の大転換を意味します。それほど重大な方針転換を、何の法的根拠もない4人の会合で決めることは絶対に許されないことです。

この会合で決めたと推測できる根拠は、前述したとおり、河野大臣の記者会見前日の2022年10月12日までは、政府の方針は一貫して「保険証発行の選択制」であり、「健康保険証は使い続けることができる」としており、健康保険証廃止の具体的日程について議論された形跡がどこにもないからです。

通常、法律の制定や改正が行われるときは、関係省庁の官僚が立法事実の調査や法案の作成などを行います（議員立法の場合にはあてはまりませんが、割合はわずかです）。また、与党内でも法案を審議・審査、調整して党内の了解を取り付けます。さらに、その分野の外部有識者や利害関係者を招いて、専門的な意見を聞くために審議会が行われることもあります。

そのうえで、必ず内閣法制局によって憲法や他の現行の法制に照らして問題ないか、立案の意図が正確に表現されているかなどが審査され、その後に閣議にかけられて閣議決定に至り、それが国会に法案として提出されます。これだけの手続きを踏まなければならないのに、何もなされていないのです。

なお、河野大臣の記者会見からわずか2週間前の２０２２年9月29日には、健康保険証の当該部会である社会保障審議会医療保険部会（第１５４回）が開催されていますが、健康保険証廃止は議題には一切上がっていません。10月13日の記者会見直後に開催された第１５５回社会保障審議会医療保険部会で一部懸念の声が上がりましたが、初めて本格的に議題に上がったのは、記者会見から2週間後の10月28日に開催された第１５６回の部会です。

このときの部会は健康保険証の廃止が「決まった後」ですので、それを前提としながらも委員からは次のような慎重な意見が出されています。

「保険証廃止に向けての検討に当たっては、国民の声、医療現場の声を十分踏まえて、慎重かつていねいな対応をしていただくよう、改めて強くお願いしたく思っております」

「マイナンバーカードを診療とか調剤とかに使うということへの国民の意識が、しっかりと理解されるようにしていただかないと、一番混乱されるのは患者じゃないかなと思いますので、その辺だけはくれぐれも慎重に進めていただければなと思っております」

「保険証の廃止につきましては、すべての国民がマイナンバーカードを取得し、保険証として利用できる環境が整っていることが前提となると思います」
「令和6年の秋に保険証を廃止するということになれば、時間的には大変厳しいと思います。そこへ向けての具体的な工程を早急に明らかにしていただいて、たとえば保険者との協議の場を設定するなどを含めて、ていねいな対応をお願いしたいと思います」など。

最後の意見を見ると、工程も決まっていなかったことがわかります。しかし、「決まった後」の意見ですので、その後、これらの意見がどれだけ参考にされたのかは疑問です。

このように戦後最大級の方針転換は、厚生労働省やデジタル庁での議論もなく、正規の閣議決定のプロセスも踏まず、社会保障審議会医療保険部会に取り上げられることもなく、既成事実と化してしまったのです。これでは独裁国家です。

河野太郎は「突破力」がある政治家だと言われることがあります。その「突破力」の正体は、国会の議論の軽視、閣議決定の放棄、官僚機構の形骸化です。

ゴリ押しするためのあからさまなインセンティブ

２０２２年10月13日の河野大臣の記者会見での発表をもって決まった２０２４年秋の保険証廃止は、翌年２０２３年3月7日の閣議決定で「マイナンバーカードと健康保険証の一体化」という内容で改正マイナンバー法案に盛り込まれて国会に提出され、同年６月２日に改正マイナンバー法が成立しました。その改正法に公布から1年6ヵ月以内の範囲で廃止日を政令で定めるとされていたことから、その後、２０２４年12月２日に健康保険証が廃止されることが閣議決定されたのです（猶予期間として1年間だけ継続使用が可能）。

何度も繰り返しますが、この一連の流れが、何ら法的根拠のない河野太郎の記者会見に端を発しています。

さらに、健康保険証廃止が決まった後の行政手続きにも、大きな問題があることを申し上げなければなりません。マイナ保険証の推進があまりにもゴリ押しであり、通常の行政手続きから大きく逸脱している点も見受けられます。主な問題点を紹介しておきましょう。

第一に、マイナ保険証をなんとか普及させようと、医療機関に多額のインセンティブを設定していることです。そして、そのインセンティブの原資はすべて税金です。

そうでもしないと普及しないのは、いや、そうまでしても普及しないのは、マイナ保険証がちっとも便利ではなくむしろ不便であることを多くの人が知っているからです。

健康保険証廃止まで1年を切った段階でも利用率がいっこうに上がらないため、厚生労働省も相当焦っているのではないでしょうか。その証拠に、医療機関に対して次々とインセンティブを打ち出しています。主なものを挙げると、次のとおりです。

まず、2024年1月には二つの支援策が打ち出されました。

一つは、マイナ保険証の利用率の増加量に応じて、マイナ保険証の利用1件あたりの金額に総利用件数を乗じた額が支援金として医療機関などに交付されます（表1）。たとえば、2023年10月の利用率から前半期（2024年1〜5月）の利用率の増加量が5%以上10%未満であった場合は、支援単価20円×総利用件数が支援金として交付されます。増加量が50%以上であれば支援単価は120円となります。

この支援は健康保険証廃止直前の2024年11月には終了しますので、普及のためのあからさまなインセンティブだといえます。

第二に、詳細は割愛しますが、2023年10月から2024年3月までのいずれかの月のマイナ保険証の月間利用件数が顔認証付きカードリーダー1台当たり500件以上の医療機関や薬局において、顔認証付きカードリーダーを増設した場合、増設に要した費用の一部が補助されます。

なお、カードリーダー1台当たり月間500件以上の利用は、町の開業医や薬局では達成不可能な件数であり、

表1　マイナ保険証の利用率の利用率に応じた支援額

出典：厚生労働省「マイナ保険証利用促進のための医療機関等への補助等の支援策について」（2024年1月12日）

2023.10の利用率からの増加量	前半期（2024.1～5）支援単価	後半期（2024.6～11）支援単価
5%pt以上	20円／件	－
10%pt以上	40円／件	40円／件
20%pt以上	60円／件	60円／件
30%pt以上	80円／件	80円／件
40%pt以上	100円／件	100円／件
50%pt以上	120円／件	120円／件

一部の大手医療機関に対する支援だとも考えられます。

続いて、２０２４年2月には新たな施策として、同年6月以降、マイナ保険証を利用した場合の診療報酬点数の加算が追加されることになりました。

診療報酬点数とは、厚生労働省が医療行為ごとに決めた報酬のもととなる点数のことで、1点10円です。初診何点、再診何点、薬の処方何点、エックス線診断何点などなど、非常に細かく決められています。

すでに２０２３年４月からマイナ保険証を普及させるために、マイナ保険証を利用した場合の初診点数が加算されていました。それが、２０２４年6月以降は再診にも点数が加算されることになりました。それに加えて「医療ＤＸ推進体制整備加算」も新たに始まりました。医療ＤＸの推進体制を整備した医療機関や薬局の初診にさらに点数を加算するというものです。

しかし、診療報酬点数は本来、医療行為が対象です。医療行為以外のマイナ保険証の利用の有無を対象にするのは、医療保険制度からの逸脱であり、許されることではありません。医療保険制度を破壊する施策です。

また、診療報酬点数が加算されるとともに、患者に対して「健康保険証をお持ちですか」

ではなく、「マイナ保険証をお持ちですか」と声をかけるよう促したり、利用率の目標を設定したり、マイナ保険証利用者のための専用レーンを設置することなどを、医療機関や薬局に推奨する取り組みも始まっています。

さらに2024年4月には、同年5月〜7月をマイナ保険証利用促進集中取組月間とし、マイナ保険証利用人数の増加量に応じて、最大10万円（病院は20万円）を一時金として支給することが決まりました（その後、6月にそれぞれ最大20万円、40万円に倍増）。しかも、利用人数の増加量だけでなく、マイナ保険証の利用を促すポスターの掲示とチラシの配布を支給条件とする露骨なものでした。

普及に効果がありそうなことは、医療保険制度を破壊しようが、なりふりかまわないというのが厚生労働省の姿勢です。

消極的な医療機関にはペナルティが科せられる恐れ

マイナ保険証の普及に貢献する医療機関にインセンティブを与える一方で、成績の悪い医療機関には圧力をかける施策も取られています。場合によっては今後、ペナルティを科すことも十分に考えられます。いわば「アメとムチ」によってゴリ押ししようとしているわけです。

たとえば、社会保障審議会医療保険部会にも資料として提出されているのですが、厚生労働省は都道府県別のマイナ保険証の利用率をリストアップし、利用率の高い上位5県は黄色で色づけ、下位5県をグレーで色づけし、競わせるようなことをしています。

そして、デジタル庁ではマイナンバー総合フリーダイヤルを設置し、マイナンバーカードに関する各種問い合わせを受け付けるとともに、医療機関などでマイナ保険証が利用できなかった場合にはご連絡くださいと呼びかけています。連絡があった場合、デジタル庁から厚生労働省に情報を提供し、厚生労働省が事実関係を確認することとしています。マイナ保険証の利用できない医療機関をチクらせるような仕組みです。

２０２４年4月19日の毎日新聞によると、さらにエスカレートした事案も報道されています。河野デジタル大臣が自民党の国会議員に対して「マイナ保険証で受け付けできない医療機関があったら報告してほしい」とする文書を送付しました。河野大臣自身も認めたうえで「問題ない」と答えています。5日後の参院予算委員会では、河野大臣が「通報」を促す文書を出したことについて、岸田首相は政府見解と合致しているので適切であると肯定しました。これでは自民党の国会議員にマイナ保険証の利用できない医療機関を見つければ「密告」するように奨励しているのと同じです。

今後、マイナ保険証の利用率が伸びなければ、医療現場への圧力はますます強まるものと思われます。

圧力だけではありません。２０２４年3月26日に開催された衆院地域・こども・デジタル特別委員会における、日本共産党の高橋千鶴子衆議院議員の質疑で、将来に起きるであろう問題も見えてきました。

高橋議員は、前述した利用率に応じて支給される支援金や都道府県で利用率を競わせている問題などを取り上げつつ、支援金の終了した後の２０２４年12月以降はどうするのかと厚生労働省に問いかけました。今はマイナ保険証の普及に協力的な医療機関の診療報酬点数を加算していますが、健康保険証の廃止される12月以降は、逆に利用率の上がらない医療機関に対して、診療報酬点数を減算するというペナルティを科せられることが懸念されるからです。

厚生労働省の官僚の答弁はしどろもどろでした。関係のない話をグダグダとして減算を考えているかどうかは答えようとしません。高橋議員の三度の質問で「そのようなことは決まっていない」と答えるのがやっとでした。

「決まっていない」のであれば、可能性はあるということです。医療保険制度から逸脱してまで行政裁量で診療報酬点数の加算を実施しているわけですから、減算というペナルティも十分にあり得ます。まさに「アメとムチ」です。

高橋議員はこのあと河野大臣に「健康保険証を廃止する日をなぜ12月2日にしたのか」と質問しました。それに対して河野大臣は「所管外なので答えられない」と答弁。高橋議員はすかさず「所管外なのに健康保険証廃止を発表したことは問題です」と鋭く指摘しました。圧倒的な正論です。河野太郎は、そのときどきの言い訳で「所管外」であるかないかを使い分けるご都合主義な恥ずかしい人だということです。

健康保険証廃止を撤回させるために私たちにできること

本書を執筆している今、通常国会が開かれています。健康保険証が廃止される12月2日までに、秋の臨時国会が開催されます。しかし、国会では与党が圧倒的多数を占めています。日本の主要都市が焼け野原になるまで太平洋戦争を止められなかったように、健康保険証の廃止は何が何でも推し進めるものと思われます。野党の修正案が通って廃止が延期されることはないでしょう。

非常に残念なことですが、今の国会はまともな議論が行われていません。聞かれていないことをダラダラと話す、「答弁は差し控える」を繰り返す、挙句にウソをつくということが続いています。野党がだらしないとの議論はまったく実態を反映した言説ではありません。

そうである以上、選挙で健康保険証廃止に反対している政党に投票し、自民党と公明党にNOを突きつけるしかありません。政権交代が望ましいですが、自公が過半数割れすれば事態が好転する可能性もあります。

衆議院議員は来年2025年10月30日に任期満了を迎えますので、それまでに、もしくは任期満了後に必ず総選挙が行われます。また、来年2025年7月28日には参議院議員の半数が任期満了を迎えますので、参議院議員の選挙が行われます。

そのときには裏金問題など争点は多数ありますが、やはりこの医療保険システムの劣化を食い止めるか否かは大きな争点となるでしょう。

そして選挙に向けて、健康保険証廃止反対の機運を高めるために、私たちは次のことができます。

■マイナ保険証利用のボイコット

すぐにできることはマイナ保険証を使わないことです。まだマイナ保険証に登録していない人は今後も登録しない。すでに登録していても、医療機関でマイナ保険証を使わない。この2つです。マイナ保険証の利用をボイコットして、利用率を10％以下にとどめておけば、さすがに廃止は無理だろうとの空気に変わっていく可能性があります。

ただし、政府もなりふりかまわないフェーズになってきています。2024年5月〜7

月をマイナ保険証利用促進集中取組月間ということで、補助金を撒いたり、圧力をかけたり、テレビＣＭを流したり、マイナ保険証しかなくなるかのようなポスターを掲示したりとさらに推進を強化してきています。

それに加えて、直近の動きとして気になるのは、薬局を中心に健康保険証はもうなくなりマイナ保険証でしか受診ができないかのような案内をするケースが増えてきていることです。当初、薬局などで「マイナンバーカードお持ちですか」と強めに呼びかけられるだけでもうっとうしいものでした。ところが、それでは効果が薄いと判断したのか、半強制的に登録に誘導するようなところも出てきています。私の知り合いにも不幸にも歯科医で言葉巧みに誘導され、任意であるのに騙されて登録した人もいます。

事実と異なる説明で利用者を欺き、補助金欲しさに動く医療機関や薬局とはやはり距離を取る方が良いでしょう。マイナ保険証を使わなくても、少なくとも２０２５年12月１日まで従来の健康保険証が使えます。さらに２０２５年12月2日以降も「資格確認書」が届きますので、マイナ保険証を使う必要はありません。この厳然たる事実は周囲の人にぜひ伝えていただきたいと思います。

そしてその際には、マイナ保険証を使わないほうがトラブルに巻き込まれるリスクは大幅に下がるということをぜひ強調してもらえればと思います。

■マイナ保険証の解除

もう一つ政府が最も嫌がる動きがあります。それはマイナ保険証にすでに登録している人が登録を解除することです。

ところで、マイナ保険証は任意ですので、当然、いつでも登録解除できると考えるのが普通ですが、なぜか現時点ではいったん登録すると解除できないのです。任意なのに非常におかしな話です。もっとも、トラブルが続いていることや野党側の追及もあって、政府は方針を変えて2024年10月からですが、登録の解除ができるようになりました。ですので、10月を待って多くの人が解除することを私は期待しています。

実は、この登録解除をめぐってもたいへんな税金の無駄遣いが生じています。先に「政府は方針を変えて」と述べましたが、もともとの開発計画では解除機能の実装が予定されていたのです。このことは、日本共産党の宮本岳志衆議院議員の求めにより厚生労働省が提出した資料で判明しました。長らく厚生労働省は「いったん登録した後の取消はできない。システムの仕組み上もできない」と答えていました。しかし、実際のところは当初は解除機能の実装が予定されていたのに、その理由は語られていませんが、なぜか解除できないシステムを完成させてしまったのです。

そのため、「政府は方針を変えて」解除できるようにシステム改修を行うのに、追加で249億円という税金を投入しなければなりません。何百億、何千億の浪費が続くので金銭感覚が麻痺しそうですが、249億円というのはとんでもない無駄な二重投資です。

さて、10月を迎えてからの具体的な解除方法は、加入している保険組合などに解除申請を行うことです。解除した場合は同時に「資格確認書」が届きますので、保険診療は受けられます。健康保険証の廃止を撤回させるために、2024年12月2日の保険証廃止Xデーに向けて、できるだけ多くの人が10月から利用登録の解除をすることが重要な取り組みとなります。

このほかにも、12月2日に向かって反対運動は高まるはずです。全国各地でデモや集会、学習会、署名運動などが増えていくと思います。日本では政治の話題を公の場で話すのは少し気が引けるという気持ちは私も理解します。ただ、健康保険証は誰もが使っているベーシックサービスです。その仕組みを意味のわからない別のものに切り替えて、私たちの利便性を大幅に下げようとしているのですから、気軽に知り合いにも伝えてもらえればうれしいところです。

本書の執筆にあたり、一般社団法人情報システム学会、全国保険医団体連合会、大阪府保険医協会に資料の提供やアドバイスをいただくなど、多大なご協力をいただきました。ここに深くお礼申し上げます。

著者

北畑 淳也（きたはた・じゅんや）

1992年生まれ。思想家。YouTube番組『哲学系ゆーちゅーばーじゅんちゃん』を主宰。著書に『世界の思想書50冊から身近な疑問を解決する方法を探してみた』（フォレスト出版、2019年）。共著に『今よみがえる丸山眞男「開かれた社会」への政治思想入門』（あけび書房、2021年）。

主宰サイト

哲学系ゆーちゅーばーじゅんちゃん

マイナ保険証 6つの嘘

2024年 7 月25日　初版第1刷発行
2024年 9 月 1 日　初版第2刷発行

著　者　北畑 淳也
発行者　岩本 恵三
発行所　株式会社せせらぎ出版
https://www.seseragi-s.com
〒530-0043
大阪市北区天満1-6-8 六甲天満ビル10階
TEL. 06-6357-6916　FAX. 06-6357-9279

印刷・製本　モリモト印刷株式会社

ISBN 978-4-88416-310-5 C0036